我中了思考的毒！

從生活中培養習慣，讓你點子一直來！

齊藤 孝——著
林佳翰——譯

八方出版

前言

「創新（innovation）」這個詞，從很早以前開始就成為商業領域裡一個耳熟能詳的詞彙了。

現今這個時代，無論是多受注目的商品或服務，都轉眼間就過時了，各業種、業務型態上都被要求不斷有新點子和新想法出現。

這當中，重新仔細觀察廣受多數人支持的商品和服務，就佩服起人類的睿智，不由得驚訝不已。

例如，我們每天用得很順手的 iPhone 等智慧型手機裡，搭載了通話、攝影等各式各樣的功能，每個功能都是眾多人的智慧結晶，而我們則享受其成果，每天過著方便的生活。

那麼，到底是哪些人想出新穎的點子和做法，產生出創新的商品和服務呢？
那就是「**持續思考的人**」。

「要怎麼做客戶會開心呢？」

「如何才能做出劃時代的商品呢？」

「怎麼樣能夠提高效率呢？」

總是像這樣面對某些課題，想著如何讓事情變得更好，持續思考，人就可以產出更好的結果。這些產出中，就有能改變世界的創新商品和服務登場。

總是創造出一些成果的人可說是「無法停止思考的人」＝「思考中毒」的人。

說到「思考中毒」，或許大家的印象是被某些不好的幻想糾纏住而痛苦，但實際上是正好相反的。

根據我的經驗，變成無法停止思考的「思考中毒」反而是種快感。而且思考中毒有個好處，就是可以讓主宰人類智慧的額葉活化，藉此讓身心健全，這點和藥物中毒與酒精中毒產生的快感完全不同。

人一旦變成思考中毒，就會覺得每天的日常生活很有趣。

那是因為已養成一種習慣，**即看到所有商品和服務，或是文化乃至藝術，都視之爲「思考的累積」，這個習慣會把對思考產生反應的感應器磨亮。**

例如，即使在吃便利商店的甜點時，也會立即察覺這些手作職人背後所下的功夫，內心充滿感動與尊敬，然後會想將發現的這些巧思活用於自己的工作上。

經過思考產生了結果，讓營業額上升，且受到很多人歡迎，並讓自己的薪水和評價提高，這些盡是思考中毒帶來的好處。

本書將解說在需要「思考能力」的現代，如何將思考變成習慣，並產出結果的秘訣。

「平常工作時都沒怎麼想就例行性地工作。」

「一回神才發現在網路和社群網站上浪費了好多時間。」

對這些人而言，一開始可能會覺得要思考好麻煩。

不過，只要知道了本書介紹的機制和秘訣，就會驚覺於思考是多麼有趣，應該能確實變成持續思考的體質。

只要習慣思考，就會覺得沒思考的時間很浪費，同時也會感到生活過得很充實，這樣一定能過著幸福的人生。

為了讓人生更加豐富，我由衷希望各位讀者能步上思考中毒的道路。

我中了思考的毒！／目錄

第1章

為什麼持續思考是無敵的呢？

「思考」是種產出某種成果的行爲

我15年前就開始擔任ＮＨＫ教育頻道播出的《遊戲學日語》的綜合指導工作，這是個適合小孩看的節目。

這個節目每年的某個時期就會開會討論下個年度的企劃，這個會議有個很棒的現象就是只要一開始開會，與會者就會滔滔不絕地提出各種點子。

提議新的單元、在既有的單元上做變化、登場人物……等，所有人都針對這些議題爭相提出數十個點子，雖然最終只有極少數的點子會被採用，可是提出來討論的數量卻是其數倍。

我的任務是綜合指導，所以或許本來的立場是整合大家的意見，可是我不自覺地和大家一起思考，一個勁地不斷提出點子。

只要有個點子被提出來，就有其他人針對那個點子加入「那這樣做如何？」的提議，再邊討論直到決定出最終的結論。

然後，這個會議還有「延長戰」，會議告一個段落後，大家會一起去吃飯，在那裡也很理所當然地又繼續提出各種點子。

剛開始大家還算邊吃飯邊溫和討論，一回過神來才發現大家都忘了吃飯，處於興奮狀態展開熱烈的討論。

在此問一下讀者們，你們職場上常開這樣活絡的會議嗎？

會議上，有人在被問到意見時，習慣說出些一般的理論。例如，在討論男性化妝品的專案會議上，有人說出「男性內心裡想受歡迎的信念本來就很強烈」這樣的發言。

這乍看之下似乎是很有道理的言論，但就正是這種人，自始至終都秉持著不關己事的抽象論，完全無意提出些重要的具體想法，也就是說他們「沒在思考」。

或是也有人在被問到時才說「欸，那個……」，才開始想，讓人不禁想追問那他之前到底在做什麼？這種人在開會前跟開會中都沒準備，只是裝出一副有在思考的樣子。

我也當過很多年老師，即使是一百個學生的課，我也能夠完全掌握到哪個學生有在動腦哪個學生沒在動腦，不只是靠他們的說話方式或說出的內容來判斷，意外地也能從表情判斷出他們的思考程度。

根據我的經驗，表面看起來有點認真的人比較危險，他們雖然露出認真的神色，可是一旦問他們意見，又大多講不出具體的內容。集中精神思考的神色和「看起來認真的神色」是不一樣的，看起來認真的人很常實際上什麼都沒在想。

如果是真的認真的話，應該會盡力講出點子和意見，也就是說，沒這麼做的人只是「假裝很認真」罷了，實際上是超不認真的。

有在思考的人，是會有些點子和意見等具體的產出，若是商品企劃部的員工，一定要提出些企劃才會被認定為「有在思考」。

只是裝作有在思考的話，不會有成果出現。重要的是在工作或學習上，要有些結果，然後要想怎麼思考才能產出那些結果。

「想事情」不算思考

世界文學作品之一的杜斯妥也夫斯基的《罪與罰》裡，有一幕是示意要「思考」的情節。

主角拉斯柯尼科夫是個遲繳學費而被大學除籍的貧窮知識分子，他頭腦清楚，卻沒受到世間認同，他不滿世間對他的評價之低，離群索居在一個簡陋的房間裡。

在租屋處女傭娜妲莎的眼裡看來，他的行為很無法理解，兩個人間有了這樣的對話：

「（前略）你最近為什麼什麼事都不做？」

「我有在做啊……」拉斯柯尼科夫猶豫不自然地回答。

「你在做什麼？」

「工作啊。」

「什麼樣的工作呢？」

「想事情。」他稍微想了一下後認真地這麼回答。

（選自《罪與罰》新潮文庫）

雖然他主張「想事情」是工作，可是在娜妲莎看來，不知道他在做什麼。到最後他竟然謀劃一樁殺害放高利貸的老太婆的計畫，「只要把那個老太婆殺掉，那些為還錢所苦的人就能獲得解放」、「一個小小的罪惡可藉由一百個善行償還」這些發想，讓他一步步陷下去。

「想事情」時，實際上大腦幾乎沒在動。我以前曾和東北大學老化醫學研究所的川島隆太教授對談過。

依據川島教授的說法是，測量了一下在想事情的人的大腦額葉血流，發現那裡的血液循環並沒有那麼活躍，反而是在將日文或英文唸出聲時，血流量還增加比較多。被視為單調的發聲，更能讓大腦活化，這點是腦科學研究證實的結果。

想事情時想的內容幾乎都是「擔心的事」，將陷入煩惱、憂慮的狀態誤解為「正在思考」的人意外地多。

想事情的特徵是一直重複同樣的思考，完全沒進展，也就是「原地打轉」的狀態。想事情時，我們的心是徬徨著的。

實際上我自己在念研究所時曾沉溺於想事情，導致論文都沒進展。

當時的我決定要建構出像佛洛伊德那般強大的思想，每天都沉溺於想事情，且在中途熱衷於觀賞歌舞劇，等我回過神來，才發現我漫不經心地度過那一年，沒完成任何一篇論文。

學者要完成論文才能將思考的結果以看得見的形式顯示出來，我沒寫論文的那段期間，自以為有在思考，實際上卻等於沒思考。

有時陷入沉思也沒關係

首先必須將想事情的時間和「思考」這個行為作出區別，減少想事情的時間，儘量增加思考的時間，重要的是先訂下這個目標。

「陷入沉思」用古語說的話是「凝望」。

好花消色在雨中　沉溺擔憂虛度此生

這是一首小野小町所作的有名的和歌，收錄在《古今和歌集》與《百人一首》裡，在此小野小町將「在陰雨連綿當中，鮮花褪色的情景」與「沉溺擔憂徒然度日的自己」相比喻。

像小野小町一樣，擔憂過去是人之常情，現代人也頗有同感。如果完全排除對過去擔憂的心情，或許《百人一首》裡收錄的和歌當中，有三分之一都要被刪除了吧。

當然我不是說現代人不需要有陷入擔憂的情緒。例如，青春期的國高中生愛慕異性同學，醒著睡著都一直想著對方的事，如果將這種陷入憂慮的時間完全否定的話，人生就很枯燥乏味。

我也認為在約會時、與家人共度的假日等時間裡，把心思放在一起活動的對方身上比較好。可是，在歡樂時間結束後，就要轉換思考模式了，只有持續思考的人，才是今後被社會所需、能活躍於社會上的人。

AI時代裡最強的「思考力」

現今這個時代瞬息萬變地進化著。

江戶時代的人如果看到我們現在工作的樣子，肯定會對我們工作的速度瞠目結舌，即使無法理解大家在做什麼，也必定會因工作速度之快而震驚不已。

或許現代人理所當然地採取歷史上天才們的用腦方式。

現代的商務人員被要求的速度和點子、溝通力當然比江戶時期還高，甚至比昭和時期的高度成長期還高。

我的興趣是看球賽，常看國外的足球現場直播，我將現在的數一數二的民間球隊和 1968 年在墨西哥奧運上勇奪銅牌的日本隊相比，發現現代選手的動作比以前的快，不久前只有頂尖選手才做得到的高難度技巧，現在連一般程度的選手都能輕易完成。

無論哪種項目，競技難度都確實進化了。

田徑一百公尺短跑，第一次創下十秒內的世界紀錄是在 1968 年，由美國的吉姆・海因斯跑出 9 秒 95 創下的。

之後，好幾位選手破紀錄，現在的世界紀錄是由牙買加的尤塞恩・博爾特於 2009 年創下的 9 秒 58。

而且有趣的是只要一旦進化了，那個標準就變成理所當然該達到的了。

1972年的慕尼黑奧運上，日本的體操代表塚原光男首次表演了「月面空翻[1]」這個高難度的動作，以難度C震驚世界，我記得當時這個動作的分解照片還刊登在報紙上，被視為超人動作。

可是，時至今日，國高中裡就有會月面空翻的選手了，這顯示時代已經進化了。持續進化的現代人每天做著沉重的工作，實際上大家都很有能力，可是課題卻愈來愈大，因此就演變成不持續思考就無法解決的狀況。

現今社會中，商品和服務已呈現飽和狀態，單純「做得出來就賣得出去」的時代結束了，同業間的競爭也很激烈，資訊共享的速度也加快了，每天都有新的商品和服務，卻馬上就陳舊了，如果不隨時轉換工作方式、做些創新，就會被時代拋在後頭。

1－團身後空翻轉體180度接團身前空翻轉體180度下。

再加上近來各種領域裡導入AI的速度都加快了，大家預測今後隨著AI更加廣泛被導入後，有很多人類的工作將會被機器人取代。

雜誌和網路上不時會出現以「因AI而消失的職業」為標題的特輯報導，汽車的自動駕駛加速被導入後，計程車和公車等司機這職業就會被取代……這些事常被拿出來說，也可知AI會取代不少白領階級的工作。

例如，至今被視為是專業且高收入的律師這工作，也不是就穩如泰山，AI律師的業務處理能力已是人類能力比不上的了。

需要思考的工作AI也取代不了

在美國等國家，由輔助律師業務的律師助理做的工作當中，有很多都已經由AI律師取代了。因此可認為在所有工作當中，需要溝通能力的工作和需要經營管理的工作才能被留存下來。

恐怕當前就是中小學的教師等職業還會持續由真人擔任，因為學校不是個只傳授知識的地方，也是個進行品德教育的場所，AI進行品德教育的情景比較難想像。此外，還有照護現場等不只需要體力的工作，也需要細心溝通技巧的工作，不容易被AI取代。

在職場上，雖然很多辦公室工作都由機器人擔任，但不可能不需要經營管理的人。

全面性掌握職場員工的個性和性格，進而規劃專案、擬定策略，這些只有真人才做得到。

畢竟理解人性，是件相當複雜深奧的事，不僅有一些數據化的資訊，還有一些潛知識和體驗過才知道的知識，能綜合這些再下判斷的只有真人而已。也就是說，為了在今後的時代裡生存下來且做出成果，除了訓練思考力別無他法了。

福澤諭吉在《勸學》裡有句名言「上天不在人上造人」，他主張人沒有上下貴賤之分，可是另一方面，福澤也說了以下的話：

世間有困難的工作，也有簡單的工作。從事困難工作的人被視為身分較高，而從事簡單工作的人則被視為身分較低。

《勸學》

「簡單的工作」是那些任誰都會做的取代性很高的工作，在現代可說是遲早會被AI取代的工作。相對於此，「困難的工作」就是只有博學多聞的人才能勝任的艱難工作。

只有持續思考的人才能完成困難複雜的工作。從事困難工作的人競爭對手少，也能獲得相對應的報酬。

說到靠思考完成困難的工作，以驚人的速度升官的歷史人物，最先浮現腦海的就是木下藤吉郎，也就是後來的豐臣秀吉。

年輕時的秀吉將信長的草鞋放入懷中溫熱後再遞給他，信長因此很感動，這是有名的故事。雖有一說指出那是後人擅自加入的故事，不過綜觀秀吉的事蹟，認為實際上有那件事也很合理。

追溯秀吉完成的偉業，就非常清楚他是個無法停止思考的人。

例如，當秀吉一獲知信長在本能寺之變殞命時，他的軍隊本來正在備中高松攻打毛利軍，卻一改政策，馬上和毛利軍議和，之後花了約十天趕回京都。這個「中國大返還」是只有秀吉想出各種辦法才能完成的名留青史的行軍。

秀吉讓士兵只輕便地帶一把短刀前進、讓運輸部隊先移動、事先準備補給物資、提高報酬藉以提高士氣，他靠這些準備周到的策略實現了中國大返還。

就像這樣持續思考，持續實踐創新的作戰方式，結果讓秀吉最終爬到「關白」這個實質上最高官職的地位。或許如果問秀吉「您這十分鐘在想什麼？」，他絕不會回答「只是茫然地在想事情」，而是會立即滔滔不絕地說出好幾個想法吧。

現在活躍於第一線的經營者也應該同樣回答得出來，從事困難工作的人隨時都在思考，這是適用於古今中外的真理。

思考差異顯現出工作差異

持續思考的人在工作上常發揮出創造性的成果。

例如，看一個人開車就能明顯看出他有沒有在思考，因為路況會依紅綠燈、塞車與否、線道的數量、天氣等條件而隨時改變。

為了在變化的狀況當中，持續選擇安全且順暢的路線需要相當的思考力，特別是看著專業司機開車的樣子，就會發現思考力不同，呈現出來的結果就明顯不同。

我搭計程車移動時，有時會遇到一些不知道在想什麼的司機，明明三線道裡有一個線道空著，他卻毫不在意地行駛在塞車的線道上。

此時我就會小心翼翼且刻意用不傷到司機自尊心的方式給出指示：

「請先移到左線道，稍微開快一點，然後在那個十字路口再換到右線道……」

能這樣越俎代庖下指令是因為我非常熟悉那些路的路況，因為每天走習慣了，腦中大概知道怎麼走可以順利往前進。這麼一來，果然還是能比什麼都沒做更早到達目的地。

不過，也有些司機有高度思考力，完全不用我開口，就能在每個瞬間選擇最適合的車道和速度，而且以驚人的速度安全地到達目的地。搭到這些司機開的車，不僅能夠較早到，而且還能省下幾百塊日幣的費用。

冷靜思考就會發現，早點到費用較便宜，需要乘客下指令卻又晚到且費用較高，不是件很奇怪的事嗎？倒是計程車公司應該要規定若乘客搭到不熟悉路況的新手司機的車，費用便宜兩成，搭到優秀的資深司機的車，費用增加一成，這麼一來應該會有很多乘客選擇有這樣設定的計程車公司的車搭乘吧。

現在的機制並不是優秀的司機會獲得更高的報酬，因此我為了至少表彰他們崇高的職業道德，都不忘大肆誇讚他們「您開車方式好精湛」、「您非常專業，我很佩服」。

最近這種能力也被重視。

教育部制定的「平成29、30年改訂學習指導要領」裡，將生存於新時代的孩子所需的能力整理成以下三大項：

- 具有足夠的學習力與性格，能將學習到的內容活用於人生與社會上等
- 能活用於現實社會和生活的知識與技能
- 面對未知的狀況也能應對的思考力、判斷力、表達力等

看了這些知道「思考力、判斷力、表達力」被視為一組，以前的風氣是能將課本像照片般整個背下來的孩子就被稱為「會念書的孩子」，可是現今重視的是要有能將思考判斷過的內容表達出來的能力。

這也適用於商業上所需的能力，在創作新商品和服務時不可或缺的能力是要想點子，再從中選出最適合的點子以實際的形式呈現出來。

完美變換車道將乘客早點載到目的地的司機正是實踐了思考力、判斷力、表達力的絕佳例子。

我經驗上感受到的是在工作上有持續思考的人約有一、兩成，只要觀察這些人的工作情況，應該可以理解所謂在工作上有動腦筋思考是怎麼樣的狀況。

特別是有動腦思考的人和沒動腦思考的人做同一件工作時，差異就很明顯了。有動腦思考的人在失誤發生時，能馬上分析原因、儘快修正該改善的地方，工作時間愈長，反饋的東西愈多，工作會愈來愈有效率。

因此，和什麼都沒在想只是茫然工作著的人比起來，有動腦思考的人就能以壓倒性的速度不斷做出有創意的成果。

持續思考很舒暢

一旦養成思考的習慣，不但在工作上會有成果出現，也會覺得沒思考只在發呆的時間很不舒服，隨時想找些能思考的題材，變成不思考心就靜不下來。

就像在打棒球時，打快速球打得正起勁時，突然來了一個超慢速的球，或是來個投偏了的暴投，會突然焦躁起來，就和這種感覺相似。

巧妙運用人類的這種思考慾的就是電視的益智節目。長壽的益智節目上，以巧妙的速度不斷丟出問題，提高觀眾「想自己回答」、「想知道答案」這種求知慾，而不會輕易轉台。

益智節目裡出現的多是只要知道就答得出來的知識題，不過也有測試想像力和反應力的問題。

對小學生出這類問題的話，大家都會眼睛發亮努力回答，他們甚至會說「老師再多出一點」。

也就是說，人類原本就喜歡「思考」這個行為，「思考」有快感。可是隨著逐漸成長，不知不覺間忘了那種快感，只覺得思考很麻煩，想避免掉。

跑步也是，小時候明明很喜歡在外面跑的，長大後卻因為運動不夠導致懶得跑。不過只要透過練習，一天多跑一點，就能喚回跑步的樂趣。

我有個朋友說他每天只要不跑十公里，就不舒服得難以忍受。我朋友是個在東京都心上班的商務菁英，他說只要沒跑完皇居兩圈，就渾身不對勁無法回家。這感覺和不能思考時的焦躁感很相似。

「不用那麼辛苦忙碌，更輕鬆地生活不是很好嗎？」

或許也有人這麼想。可是，我認為既然生而為人，不就是要以動腦持續思考的笛卡兒和宮本武藏他們那樣的生活方式為目標嗎？因為如此一來，更能獲得活著的充實感，會生活得更開心。

有無思考力並非與生俱來的，思考力是被工作和學習所逼，不斷思考當中訓練出來的，或是刻意執行而成為習慣的。

所有人都能變成思考中毒

每個人都有個依存的對象，只是每個人程度不同。

例如，有人一旦知道今天是報紙停刊日所以不會有報紙送來，馬上就失望、焦慮起來，這種人可說是有鉛字依賴症（或是報紙依賴症）的傾向。

假設跟年輕世代的人說「今天報紙停刊」，大部分的人都沒什麼感覺，比起這個，如果跟他們說「YouTube 暫時停止服務」，他們肯定陷入一片哀嚎，這就是 YouTube 依賴症。「沒有○○就無法忍受」就是依賴症和中毒症狀的表現。

宮澤賢治的作品裡有《學者阿拉姆哈拉度看到的衣服》這篇短篇小說，學者阿拉姆哈拉度針對火、水、小鳥的特性，對他的學生講過一輪後，問了這麼一個問題：

> 就像小鳥無法不啼叫，魚無法不游泳，人無法不做什麼呢？人非得要做一件事

不可，到底是什麼事呢？你們想想看。

有一個小孩說：「人會走路、說話。」阿拉姆哈拉度催促他們說出更進一步的答案。另一個小孩答：「比起走路和說話，人還有更重要的事。」

阿拉姆哈拉度才正要同意那個答案，卻發現一個叫做撒拉巴杜的孩子好像想說什麼，就催促他發言。他說了：

「我認為人類最優秀的就是非得思考什麼不可這點。」

阿拉姆哈拉度一聽到這個答案心裡一驚，不自覺地閉上了眼睛。或許是因為他聽到孩子們講出超出他自己準備好的答案，覺得很感動吧，那只是一個描述教室日常的畫面，卻讓人印象深刻。

想想的確是這樣，人類基本上是不思考不行的生物。因此，就像「不用社群網站不行」、「不玩網路遊戲不行」，只要下點功夫，就能轉移到「不思考不行」的境界。

當然，如果好好運用遊戲和社群網站，也可以達到思考的效果，可是一旦太依賴這些，就會陷入接近停止思考的危險境地了。酒精中毒、藥物中毒等就是思考停止的最典型表現。

《樂園、味覺、理性》（希維爾布奇著，法政大學出版局）這本書裡有個獨特的分析，即近代是個以工業革命為契機，從喝葡萄酒喝到酩酊大醉的狀態，轉變成嗜喝咖啡、意識覺醒的狀態。

這可解讀為現代人不依靠酒精或藥物，而是從思考當中得到快感吧。

一旦變成思考中毒，生活就會很開心！

沒習慣持續思考的人在工作上被說「要思考」，就會感到壓力而疲累。另一方面，習慣思考的人則因為思考很快樂，所以能夠解決課題而做出成果。

我在出課題給學生時會對他們說：「你們的將來會發展成兩種人，一種是覺得思考是種壓力而想逃避的人，另一種是帶著興奮的心情思考的人，你們想往哪一方前進呢？」

愈早體會到思考時的興奮感的人，一輩子面對事物都會覺得興奮，對所有事情都想挑戰。

只要從思考裡得到快感，就會變成某種「思考中毒」，一思考心情就很好，情緒高漲而無法自拔。

人類的大腦中，是藉由神經傳導物質傳達資訊來控制大腦活動，神經傳導物質當中有一種是腦內啡，其意思是「體內分泌的嗎啡」，是種有嗎啡6.5倍的止痛作用的物質。

而且研究得知腦內啡裡，特別是β-內啡肽會在身體感到快感時分泌出來。在心情愉快舒適時腦內會分泌β-內啡肽，讓我們情緒高漲。

和朋友聊天聊得很愉快時、吃到美味的食物時，腦內都會分泌β-內啡肽，不過最能感受到β-內啡肽分泌的時刻是在克服困難達到某種成果時。

例如，被委託重要工作時、準備時間很少時、或是和同事的意見對立時，如果能克服各種障礙而做出創新的成果，就能獲得極大的成就感，情緒也會高漲。

人類大多是在想要做出某些成果時才會思考。在追求成果時，會遇到各種限制而感到困難，可是，靠思考力突破那些屏障後得到的成就感，是萬事無可取代的。

因此，真的很希望各位讀者能沉浸於思考，變成思考中毒，覺得思考有趣得不得了，非思考不行。這樣的狀態是本書希望達到的目標。

有所覺悟地思考

活躍於十九世紀的法國作家巴爾札克，因債務、旺盛的食慾、奢侈的生活、周旋於女性之間等事蹟，留下了為數頗多的軼事而出名。

到他臨終前，終究累積了無法償還的龐大債務，總之，他為了維持奢靡的生活，馬不停蹄地執筆。

俄羅斯的杜斯妥也夫斯基也是位有名的債台高築的作家之一。如同他留下的《賭徒》這部作品，他自己也很好賭，反覆揮霍大把金錢又輸光，也曾發生過在還沒寫出作品前先預支稿費，卻在動筆前把錢全數花光了這樣的軼事。

杜斯妥也夫斯基為了返還債務，大量執筆，寫出了《罪與罰》、《卡拉馬助夫兄弟們》等作品。

當然巴爾札克和杜斯妥也夫斯基的例子是很誇張的例子，並不能輕易導出只要有債務，就能在工作上有成果這種結論。

只不過在被逼到某種程度的狀態下思考的話，就能做出有創意的工作，這也是事實。

在日本，太宰治的文章裡也有讓人感受到「自己是個只能思考並持續書寫的人」的覺悟的字句。看了太宰寫的散文，盡是一個勁地自虐式述說自己的文章，字裡行間傳達出苦悶。

「自己是個沒用的人。」

「我還沒寫出任何傑作，還無法寫出傑作，不過時時刻刻只能將自己失敗的人生寫出來，因為除此之外沒什麼好寫的。」

他時常嘟囔這類的自白。

他在《散華》這篇短篇小說裡，介紹了赴戰地的友人的來信：

你過得如何？

我從遠方跟你問好，

我順利抵達赴任的地點了。
請你為偉大的文字而死，
我也會死，
為了這個戰爭。

太宰讀了這封信後寫了以下的感想：

請死，三田君的這句話，讓我感到無限尊敬、感謝、開心得不得了。

因為太宰實在太感動了，他在那篇短短的作品裡，竟然引用了三次那封信的內容。我曾經針對這個作品出過一個謎題：

「在戰場上犧牲的文學友人寄給太宰治一封信，那麼，『請為偉大的文學』後面接了哪句話？」

大部分的人都回答「請為偉大的文學，繼續寫下去」、「請為偉大的文學，留下傑作」，很難想到「而死」。

當時是個隨時有自己的友人在戰場上失去生命的時代，生於那個時代的人寫的文章，內含著超越現代人想像的意境。抱著這樣的前提再重新閱讀《人間失格》等名作，可以理解太宰藉由作品，實踐了「請為文學而死」這個理念。

果然在毫無退路的狀態下持續思考、持續工作的人，才能夠做出留給後代的成果。過著不得不思考的人生時，必定會產生強大的思考能力。

第2章

養成持續思考的習慣

做「一定要動腦」的工作

為了思考中毒，首先很重要的一點是「要厭惡不思考就能做的工作」。

例如，在公司被吩咐印一本書。當然這是需要做的事，不能推掉，而能樂於做這麼單純的工作的人，人格上一定很優秀，有很大的機會能升官。

可是我的話，想到要做這種只動手就能完成的工作，馬上就心情不好了。

「我不是為了做這種事而活的。」

我會忍不住想發出這些牢騷。

我在當研究生時，每當被迫需要印東西，就一定會發牢騷。因為是研究生，所以印幾本書的時間是有的，可是，只是一直動手，就覺得好像背叛了自己，對自己很愧疚。

為了自己的研究需要影印都覺得麻煩了，更何況是被人交辦要影印，更是痛苦。因此，我就去找能幫忙影印的店家，付錢請他們做，總之就是切換到「花錢買時間」的思考模式。

的。

當時，對東京大學的紅門前的影印店而言，我是個大客戶，會定期請他們影印。那麼，影印費用又從哪裡來呢？我是拿我在補習班打工當老師掙得的錢去付的。

「那你只不過是拿自己打工的錢去付別人打工的錢啊。」

確實是這樣，不過對我而言和影印比起來，當補習班的老師是個更有創造力更有趣的行為，如果能花這筆錢請人幫忙影印的話，是求之不得的。

回頭想想，在我的人生裡，總是逃避做那種單純的作業，而掌舵將人生轉往需要思考力的方向。

「至少可以拿到錢，影印比較輕鬆。」

「如果是拿同樣的薪水，當然要做輕鬆的工作。」

我知道有人是抱著這樣的理論生活著。

「就算是影印，也是件重要的工作，有其意義。」

這種反對意見也有其道理。

可是，我認為一整天都花在影印而不覺得痛苦的人，和會因此而懊惱浪費掉一天的人之間有明顯的差異。

我特別是反對讓擁有新鮮的頭腦及精力的年輕人做無聊單調的作業。對那些年輕人，應該派需要思考力和創造力的工作給他們，單調的作業讓無法活躍於職場上的高齡者等人做就行了。

為了做出成果，必須隨時持續思考。為了持續思考，就必須有「對那些不用思考的作業感到不耐」的心情。

希望大家能有「想做更需要思考力的困難工作」的慾望。

隨時意識自己「在想些什麼」

若要確認自己有沒有好好思考，自問自答「現在在想什麼呢？」就很明瞭了。

例如，有個需要在工作上寫企劃書的商務人士，問他：「你現在在想什麼？」

他回答：「在想企劃書的內容。」回答得這麼籠統的人實際上有很高的機率是沒怎麼在想的。

真的在想企劃書內容的人會明確答出「正在研究企劃內容是否符合成本」、「在訂執行行程表」等具體的思考內容。

我曾經當過網球教練，只要問學員：「你現在在練習什麼？」就能馬上分辨出誰有在思考、誰沒在思考。

「我正在練正手擊球（用手握球拍的那側擊球）。」這麼回答的人是沒怎麼在想的人，他只是慣性練習，雖然花時間練習，卻不會進步。

另一方面，「我正在練習當要用正手擊球回擊斜對角方向打來的球時，要如何在最好的時間點、以及用哪個角度的拍面比較能精確回擊。」這麼回答的人很確定自己的課題，打每一球，腦中都想著要如何克服課題，反覆研究，這樣的人會進步得很快。

運動和武術，還有工作都有個「型」。一般而言，同一個動作重複做一百次、一千次、一萬次……在這過程中就會熟悉「型」。

只不過同樣熟悉型，邊思考邊做的人，和只是別人說要做而不得已才做的沒思考的人比起來，則會衍生出天壤之別的技術。

我和前阪神虎裡以「代打之神」著稱的八木裕選手談話時，問了他這個問題：「為什麼連專業的選手面對外角滑球時也會揮棒落空呢？」他答：「因為他們在練習時沒有思考，才會變成那樣。」這句話讓我留下了深刻印象。

如八木選手所說的，重複同樣失敗的人，只是自我感覺良好地揮棒，才會總在沒進到好球帶的滑球進來時揮棒落空。

相對於此，一流選手在練習揮棒時，會邊假想投手在實際比賽時投什麼球。

「實際上也有一種練習是為了不打沒進到好球帶的滑球的練習呢。」八木選手這麼說。

「現在做這件事的目的是什麼」，意識著明確目標的人也就是有在思考的人，做任何事都會有成果。重要的是要隨時自問自答這句「目的是什麼？」。

決定課題，比較容易思考

為了要有個思考目標，需要有課題或主題。

有個我認識的小學老師會指導小朋友做研究，他讓每個六年級的小朋友訂一個研究主題，最終要寫出一篇「畢業論文」。

從訂題目開始著手，例如訂出「想思考關於宇宙的問題」、「想思考關於環境問題」、「想針對世界和平思考」這樣的題目，然後讓他們去圖書館找需要的參考文獻，再請他們將學習並思考後的內容寫成一篇作文。

最讓我驚訝的是聽說這個班上的所有小朋友都寫了一百張四百字稿紙的畢業論文，連大學生要寫五十張稿紙都困難至極，這些小學生真的很不簡單，而且那不是什麼特別的私立小學的課，只是一所非常普通的公立小學裡的課。也就是說即使是小學生，只要加以訓練，就有能力達到這樣的程度。

小學生之所以能持續思考至寫出一百張稿紙的畢業論文，是因為有個讓他們想要持續思考的主題。

因此重要的就是出社會的人也要在工作上訂個明確的課題或主題，那些平常就必須寫企劃書或負責商品開發的人，已經有明確的主題，先另當別論，但那些從事會計或人事等職務的人，可能沒有明確的主題，而不自覺地讓工作變成規律無變化。

這些人就必須自己設定主題。

「要怎麼做才能縮短作業的時間？」

「要怎麼做才能提高職場所有人的士氣？」

像這樣，試著訂出適合自己的主題，並持續思考。

如果這樣還是找不到主題的話，積極出席一些能找到某個主題的聚會也是一種方法。

例如，連續三、四天參加一個以商務人士如何創業為題的短期講座的話，就能瞬間對創業有興趣，有個針對創業思考的機會。

只要在研討會與講座上遇到能給我們思考機會的人或場所，意外地不管是誰都很容易就能養成思考的習慣了。

胡塞爾這位哲學家主張「人類的意識」的特徵是「並非以『意識』獨立存在，而是必定會朝向某個客體」，這被稱作「意識的意向」，簡而言之就是意識一定是「關於某個客體的意識」。

再怎麼發呆度日的人，只要有意識，一定是像箭頭般朝向某個客體運作著。這麼一想，也可以說只要朝著「意識朝向的目標」加以思考的話，人類就能有意義地持續思考。果然訂個明確的主題是第一要務呢。

決定一個自己喜歡的課題來思考

有個最近幾乎看不到的現象，就是以前常在月台上看到有些中年人拿傘當高爾夫球桿練習揮桿。

在月台上揮桿是違反規定的，不過一整天都想著高爾夫的人，就某個層面而言是幸福的人。

片刻都不忘高爾夫，持續想著「這樣打是否比較好」、「那樣做可能會進步」，這樣一定會進步的。這些中年人之所以能一直想著高爾夫的事，肯定是起因於他們很喜歡高爾夫，也就是說，人類對於自己喜歡的事物，即使不特別想起，也會一整天都很在意。

為了抓到思考中毒的感覺，有一個方法是針對喜歡的事物思考。關於有興趣的目標物，會總是感到很新鮮而貪婪地想知道這方面的知識，愈思考就愈想知道新的資訊，漸漸地掉入良性循環的泥沼。

作家村上春樹表示原本他並不是立志要當作家，他是在閱讀和翻譯史考特・費茲傑羅、雷蒙・錢德勒等他喜歡的美國作家的作品時，創出了自己的文體。

聽這樣的說法後，再去讀村上春樹翻譯錢德勒的《漫長的告別》這本著作，就會發現裡頭充滿村上自己的文體和他獨特的世界觀。

如果能對自己喜歡的事物仔細分析「為什麼自己這麼喜歡呢？為什麼心會為其

所動呢？」也可以鍛鍊思考力。

針對喜歡的事物分析分析著，也有可能冒出「這種做法或許可運用在自己的工作上」、「這個部分改變一下，說不定在日本也能受到歡迎」等發想。

或許可以把在大學或企業從事研究的人稱作是熱衷於特定領域裡的「專業的阿宅」，他們是因為有讓他們熱衷的主題，才能繼續研究，並做出成果。

沒特別喜歡什麼的人也可以試試某種方法，即可看看現在流行什麼，順應這個潮流當個「一時粉絲」。如果正流行橄欖球，就對橄欖球注入興趣追追看，或是對「嵐」這個偶像團體注入興趣追追看。不要小看這個「一時」，積極追上潮流的態度很重要。

追「嵐」和在工作上做出成果的思考似乎完全沒關係，不過也不見得完全無關。至少「嵐」抓住了很多人的心，應該有某些理由讓他們能夠如此，因此可以思考看看他們受歡迎的理由是什麼，這些理由一定也能運用在其他的商品或服務上。

創造出「My Boom[1]」這個詞的三浦純先生只是隨時追求「自己喜歡的事物」，

結果帶動了「YURU KYARA[2]」風潮，使他以創新設計者的姿態成功了。

即使只是自己的堅持也沒關係，找個特定事物來鼓舞自己的靈感這件事本身有其意義。

做思考紀錄

主題明確之後，為了養成思考的習慣，就必須掌握到「自己能夠持續思考多久」。

例如，減肥時，每天一定要量體重，掌握自己現在的體重，才能修正減肥的軌道。像是「減少運動次數」、「完全戒掉點心」、「暫且維持現狀」等。

這點在思考上也一樣。

如果沒掌握現狀就想思考的話，容易陷入「要再更努力思考！」、「為什麼自己的注意力這麼不集中」這種責備自己的死胡同裡。

不要這麼做，首先應該要從面對自己的現況開始。

為了反饋，掌握現況是不可或缺的。能夠掌握現狀，才能冷靜處理，為此有效的做法是將思考的內容記錄在記事本裡。

我記得在我中學三年級時，父親建議我：「每天將自己想到的事寫在筆記本上不錯喔。」其實我從小學開始就每天都寫日記，寫下「今天做了什麼」，不過父親那時說的和日記不同，是說要養成將思考的軌跡記錄在筆記本上的習慣。

在那之後，我就習慣將思考記錄下來，到大學都還保持這個習慣。

只要記在記事本裡，就能確認每天思考了多少事，此外，也能有效預防一直重複思考同樣的內容。

1－三浦純先生創造出來的詞彙，用來表示「只流行於自己心中的東西和事情」。

2－為了宣傳一個地方或地區、事件、組織或業務而創造出的吉祥物。

先養成思考習慣比較重要，因此，一剛開始不要太在意思考的品質，只把焦點放在思考了多少東西並記錄下來就好。

為了保持下去並同時追求品質，需要有個指導者每天給我們課題，可是大部分的人都必須自己一個人養成思考的習慣，所以先以維持下去為優先是比較聰明的做法。

當思考已成習慣，已經達到某種程度的思考中毒時，就附帶地讓思考的品質提高，因為已經厭倦用同樣的程度思考，自然就會提高思考層次。運動也是，同一個動作反覆做幾千次幾萬次後，自然技巧就會提高。

將思考內容記錄在記事本裡

一天當中，花多少時間在思考上，還有思考了什麼內容，將這些都列在紙上就一目了然。列出來的數量愈多，就是思考愈多的證明。

雖然我也有很多時候是活用智慧型手機的記事功能做紀錄，不過我建議還沒習慣的人先活用記事本，手寫下來比較好，可將那本記事本取名為「思考記事本」。

在思考記事本裡將思考的內容大致列舉出來，即使途中被會議、吃飯、和人討論事情而中斷，只要再看一次記事本，就能接著思考。搭電車時，看著記事本就能邊移動邊繼續思考。

在思考記事本上記錄時，理想狀況是儘可能每三十分鐘寫一次思考的內容。使用有垂直時間軸的記事本的話，就可以在垂直的時間軸上，以每三十分鐘或一個小時為單位，將一整天的思考記錄下來。總之先把三十分鐘內想到的事情寫在記事本上，這樣一來很不可思議地，就會湧現「一定要找出下一個三十分鐘要寫的題材」的心情，就會因此開啟思考的開關，然後保持「隨時都有需要思考的題材的狀態」，這是第一個重點。

這麼做的好處是並非因為思考了所以寫下來，而是有種「非得寫不可」的制約，才會開始思考。

思考記事本只不過是個讓思考變成習慣的道具，不需要幹勁十足地決定「要寫出嶄新的點子」，只要隨意想到一個關鍵字，再多加幾個字變成一個句子，條列式寫出來就行了。

以業務來說的話，如果只寫下「在A公司談生意」或是「在B公司做簡報」，這只是行動紀錄而已，「要怎麼做才能將這個月的營業額提高10%？」、「要怎麼做才能拿到B公司的訂單？」這樣寫比較好。

如果是書籍的編輯的話，就會是「書名」、「書封的推薦語」、「新書的企劃」、「○○書的章節結構」。

接下來要講的很重要，就是「在工作時思考是理所當然的」。

思考記事本發揮其威力是看看把之前都在發呆或想事情的通勤時間和移動時間拿來思考的話，能夠思考多少。把思考記事本只定位為這樣也不為過，這是第二個重點。

因此，不要把行動和工作內容寫入記事本裡，把記事本徹底當作是個留下「思考痕跡」的道具吧。

如果記事本裡有三天空白的話，就表示過了三天沒有思考的日子，雖然即使沒記錄在記事本裡不表示沒在思考，可是沒記錄的話，思考過的內容一下子就煙消雲散了。

隨身帶著思考記事本，就像隨身帶著確認思考的道具，將思考的內容記錄下來，頭腦一定會變得很清晰，會對自己尋求的主題更深入思考，應該能實際體會到新的點子不斷冒出來的感覺。

寫在記事本這個行爲有其意義

以在記事本上做紀錄的實質意義來說，活用智慧型手機的Google行事曆也是一種方式。基本上就是選擇自己方便使用的工具即可，只不過對還沒習慣思考的人而言，建議先從手寫記錄開始比較好。

動手寫的好處是感受得到頭手連動，實際上在腦科學領域的研究裡有報告指出動手寫字可以預防失智症。

因此可推知動手寫字對促進思考有一定程度的效果。身邊的工具愈來愈方便是值得欣喜的事，不過另一方面，擔心思考會因此退化也是事實。

現在這個時代是即使不刻意將錄音的內容寫成文字，也可以利用將音檔直接轉換為文字檔的技術，省下打字的時間和精力。這真的很方便，只要享受過這種方便性，就沒辦法回到以前的生活了。

我一點也沒有主張要刻意回到不方便生活的意思，不過在想要動手寫字卻忘記字怎麼寫時，也感到是種退化的徵兆。

我認識的設計師裡，有好幾位會使用鉛筆工作。他們最終會將用鉛筆畫出的內容輸入電腦裡，不過他們皆表示最初的想法還是適合用鉛筆這種原始工具記錄下來。

有趣的是他們都一致表示動手畫才會不斷湧現靈感。

思考時邊動手，大腦會受到刺激更加速思考，這樣的連動讓思考能持續下去。

一旦記錄下來，就會影響「潛在意識」

順帶一提，將思考的內容記錄在記事本上，不只會影響我們的意識，對潛意識的影響也不小。

我曾經聽某個朋友說他習慣把做的夢記錄下來。

儘管人們的夢裡會出現一些荒誕無稽的故事，不過大部分都在醒來後不久就忘記了，然後就像沒事般繼續生活。

明明應該很常做夢，卻總是發生「我記得做了個很有趣的夢，不過是什麼樣的內容啊？」這樣想不起來的情形。因此朋友說他會在床頭放筆和筆記本，在醒來的瞬間就把夢記錄下來。

如此一來很不可思議地，他做的夢愈來愈有趣。聽了他這麼說，我也半信半疑地學他做起了實驗。

當時我常做的夢境是被壞人不斷追著跑，為什麼我會被追？該往哪裡跑？我都不知道，在逃跑時，身體就像沉入水裡般沉重無法動彈。

隔天開始，雖然不舒服，我還是在起床後趕緊把被壞人追逐的夢境詳細記錄下來。這樣記錄了一陣子，讓我驚訝的是我做的夢境內容產生了變化。

一剛開始是在水中努力前進，後來發現有浮力這件事，變得能行走在水面上，進而察覺「既然有這般浮力，說不定可以飛在天上」，不久夢境就變成浮在天空了，最終變成做起能自由自在控制飛翔，非常舒適的夢。

或許藉由記錄的這個行為，無意識間發揮了某些作用也說不定。

無論如何，人類具有只要記錄，就能提升思考品質和行動品質的能力，沒有理由不善用這種能力。

如果沒必要記錄的話，時間就在發呆當中不自覺地流逝了，相對於此，只要記錄就能提高思考和行動的品質。

一剛開始可能會覺得要寫在記事本上是個壓力，或覺得很麻煩。不過，如果看得到思考的成果，就有成就感，動力也會提升。隨著變成思考中毒，就會開始啟動「不想浪費時間」的意識。

比起思考的「質」，「習慣」更重要

我為了讓學生養成思考的習慣，讓他們一個星期研究一個課題，一個星期後確認他們的進度並給建議，請他們根據這結果再研究一個星期。在這兩個星期內，有相當高比例的學生能養成思考習慣。

例如，給他們「剪一則報紙上的報導，再針對剪下來的那則報導做報告」這樣的課題，以前不看報紙的人也會養成看了報紙上的報導之後，針對那個報導發表某些感想的習慣。之後即使不繼續剪報，也改變了對報紙的認知，變得會較積極看報思考。

變成這樣的狀態後，假如眼前有份報紙，而自己剛好有點時間，就會拿起報紙來看。只要持續這樣的狀態，思考和產出就會確實增加。

也就是說，能不能撐過最剛開始的一、兩週，是左右是否能養成習慣的關鍵。是否能踏出成為思考中毒第一步的指標，快的人是一、兩週，一般人大概一個月左右，達到這個指標就可視為這個人已撥出一段思考的時間。

在思考記事本裡做紀錄這件事，暫且先持續執行一個星期，然後再加一個星期、一個月、三個月……用這樣的做法繼續下去。

持續兩個星期的話，偷懶一個星期沒關係，偷懶後再振作起來，再持續記錄兩個星期。如此一來，就會發現偷懶的那週，自己什麼都沒思考。

察覺「思考的時間」和「沒思考的時間」之間的落差和思考帶來的樂趣，對養成思考習慣上是很加分的。

再怎麼樣也無法養成思考習慣、過去曾受過挫折的人，請不要放棄，斷斷續續也好，請繼續挑戰在記事本上做紀錄。

還有，在思考時，不需要「一定要想出正確答案」這樣的氣魄。重要的是是否有花精力思考。只要想像準備大學考試時做數學解題的狀態就可以理解了，同樣是「不知道正確答案」的人，「完全不知道，只是呆呆地等時間過去的人」和「試了很多方法都失敗，而算不出正確答案的人」之間，思考程度上有壓倒性的差異。

交出一張全白的答案紙，就只能拿零分，不過後者的話，只要把思考過程記錄在答案紙上，說不定可以拿個幾分。

即使無法馬上想出正確答案和創新的點子，花精力思考、把思考的過程記錄下來也很重要。

綜觀國際，會發現日本人總是太過重視品質。

以「完全正確」或是「不正確」這種「All or nothing」來判斷的話，會極度討厭公開思考的過程，如果被要求「即使錯誤也沒關係，反正先將思考過的內容講出來」，會突然很困擾吧。

這是個不容忽視的問題。太在意思考品質的話，就會覺得沒思考出一個答案不行而感到壓力，就愈不想思考，有可能陷入這種惡性循環。

因此，一剛開始不要拘泥於品質，總之就是先思考，思考一半沒結果也沒關係，先養成記錄的習慣，這是第一要務。

首先把意識集中到養成思考的習慣上即可。

打造出思考中毒的環境

如果太拘泥於「要思考」、「要記錄」，導致一整天都處於緊張的狀態，就本末倒置了。重要的是一天裡撥出固定的時間花在創意思考上，為此，也必須挪出些時間讓自己放鬆解脫。

我自己會在一整天的工作結束後，泡澡放鬆邊回想一下今天發生的事。泡澡時副交感神經較活躍，能有和白天不同的創意出現，因此往往能在泡澡時想到有趣的企劃。

在自家泡澡當然有這樣的效果，去公共澡堂和三溫暖，又能更放鬆了。三溫暖真的太熱了，無法深度思考，不過從三溫暖出來後，淋浴再泡澡，重複這樣的行為，身體狀態會有所變化而能變清爽。

一般而言，據說做了兩、三次這樣的循環後，身體會「調和」。當然，有些人會泡到熱昏頭而昏倒或腦梗塞，請注意要隨時休息補充水分，這些休息時間對身心而言也是不可少的時間。

老實說我愈來愈喜歡三溫暖，還曾經在自己買房子時，煩惱要不要在自家設置個三溫暖。本來已經決定要設置了，不過被我很熟的醫生阻止：「太常進三溫暖對身體不好。」只好放棄了。

我現在還是每天去三溫暖，結果和我有沒有在家設置三溫暖根本沒差，不過專業的三溫暖裡設備齊全，我很滿意。

我現在的固定行程是每天晚上九點左右開始做輕量運動，然後泡澡→三溫暖。前不久看到書上寫著「身體由交感神經活躍轉換為副交感神經活躍的時間是在晚上十點左右」，剛好和我泡澡的時間點一致，讓我不由得贊同。

離開三溫暖回家後到半夜三點左右是我做自己有興趣的事的時段。當然只要活著，我就不會停止思考，不過這段時間我刻意完全不工作，不想困難的事。

基本上我不碰電腦和原子筆等工作工具，我會看看書、YouTube，或看電視上播的影片、運動節目，充分享受這段時間。

以前我也曾經專心工作到很晚，只是工作到很晚的話，生活節奏沒有起伏變化，會影響到白天的思考，就乾脆放棄晚上工作了。

晚上讓頭腦休息，一整天的生活節奏有起伏變化，隔天早上才能專心做需要創意的工作。

美國的暢銷作家史蒂芬・金也在他寫的書裡表示他早上寫作，下午完全不寫。像他那樣撰寫出兼具質和量的天才作品的作家，也是在生活節奏有起伏變化下思考的。

果然一整天集中精神持續思考是不可能的，做些起伏變化，只在需要思考時思考，這樣才能產生出有創意的結果。

然後，因生活節奏有起伏變化，也才能持續思考習慣。

話說回來，阻礙思考的最大敵人就是壓力。壓力除了緊張外，還包含心情沮喪、對某事太過執著、嫉妒、妒忌心、被害妄想、討厭自己等負面情緒。心裡累積壓力的話，就像超載的車子，思考速度會瞬間下降。

思考時如果混入負面情緒或陷入自我否定的模式的話，即使繼續思考也不會有進展。

此時，先進行中斷思考的「儀式」很有效。例如，伸出雙手抓住「（想像中的）麻煩物」，把它彈到旁邊，做這個動作時，邊出聲唸著：「好，這件事已結束。」

這樣的儀式有不容小覷的效果，在您陷入負面情緒時，請務必試一次看看。

此外，大腦疲累時，睡覺是最好的了。睡二十分鐘，就能恢復精神了，總之先閉眼睛五分鐘，也能獲得相當程度的休息。

我會做四十年前做瑜珈時學的「屍體姿勢」，變成屍體的姿勢是極致的放鬆法。邊放鬆邊提高注意力的方法，我推薦數呼吸的「數息觀」。這是一種禪修冥想法，是將精神集中在「現在、這裡」的最有效方法，也是最佳的「悟道之途徑」。我身為一個呼吸法研究者，推薦大家可將這個方法當作健全的思考中毒的良伴。

第3章

提升思考的品質

看清這個思考會不會有答案

當思考習慣養成到一定程度後，接下來就要意識著提高思考的品質了。

為了提高品質，一天裡花在思考的時間就必須儘可能增加了。

常在電視上看到有人訪問考上東大醫學系的學生「你一天念幾個小時的書？」的畫面。

我的學生裡有一個人回答：「暑假裡一天念14～15個小時左右。」14～15個小時，算一算就是扣掉睡眠時間和吃飯及洗澡時間之外，幾乎一整天都在念書，能念那麼長的時間真的很厲害。

在訪談中，也有人回答「2～3個小時」，他們只是因為覺得這麼回答聽起來比較酷，大部分都是胡扯的。

就我所知，被稱為天才的人，幾乎沒有例外大家都很努力念書，因為能花很多時間在念書上，所以才能在眾多人當中勝出，考上東大。

但是，重點並不只是花很多時間念書，而是要看是否能維持長時間且高品質的學習。

在公立圖書館等地方，很常看到國高中生在考試前坐在桌子前努力念書的情景。雖然佩服他們認真念書的態度，但是仔細觀察會發現有人即使過了一個小時，還是在看同一頁。

或許那個人正在解很難的數學題，以至於一個小時都在想那個題目，卻還想不到答案。對本人而言，雖然沒有進度，不過還是持續在思考吧。

確實數學家在面對數學難題時，常會花好幾個小時奮鬥，這絕對可列為他在思考的時間。

可是，一般人花一個小時想同一個題目，等於沒在思考。大家幾乎都是剛開始的幾分鐘很認真思考，可是找不到解題的切入點，漸漸地就失去專注力，實際上就陷入發呆的狀態，只在同一個點打轉。

撰寫了很多考試相關著作的精神科醫師和田秀樹醫師主張一題數學題想了五分

鐘還想不出答案的話，再繼續想下去也只是浪費時間，先看解答再確認解法是比較有效率的做法。

和田醫師發明了一個稱作「熟背數學」的考試技巧，即背很多數學題的解法、再解數學題的方法，他因利用這個方法教出很多東大生而變成名師。

「不懂的事情，再怎麼想也只是浪費時間。」

想想真的是這樣，增加思考的時間時，要瞬間分辨出這是「該思考的問題」還是「思考也沒用的問題」，如果是後者的話，就不要再繼續想下去了。

一旦判斷再怎麼想都想不出答案、無法有成果出現的話，先暫且停止思考那個問題，改思考別的事情，或是從別的角度思考，這是提高思考品質的關鍵。

有壓力就會思考

在恍神狀態看或聽資訊時，無法進行深度思考。這樣一想，要提高思考的品質，就必須給些壓力。

我認為全國的國高中生裡，應該有為數不少的人在上課時，只是發呆聽著老師講的內容。有些運動社團的學生是在社團奮力練習，回教室後就只是恍神，也有些學生沉溺於戀愛幻想裡。大家都在做「白日夢」。

當然學生發呆是不對的，不過另一方面，讓學生們發呆的老師也有問題。

作為不讓聽者發呆的一個方法，我在演講時會先說以下這一段話之後再進入正題。

「我演講完後，會請你們兩個人一組，將我講過的內容做個摘要，所以請不要漏聽了喔。」

如此一來，就能感受到聽眾的緊張感提高了，有要做摘要的壓力，就會邊思考邊認真聽我講的內容。

在大學的課堂上，我會採用更有壓力的做法，在我每講完三十分鐘的課，就會指名三個學生來講台上，請他們各花一分鐘把摘要接力下去。

實際上，學生做出很好的摘要時，整個教室的氣氛就很熱絡，大家會覺得上了一堂很開心的課。

能夠在沒有任何課題之下就持續思考的，只限於思考中毒的人，若是沒有任何契機，人類是不會刻意對腦增加壓力的生物。因此，我在大學才故意扮演魔鬼教頭，給學生出課題，甚至讓大家覺得「有必要做到這個地步嗎」的程度，然後訂個時間，讓所有人輪流在大家面前報告。經歷了好幾回「課題↓思考↓上台報告」的循環，突破重重關卡的學生的思考程度都有顯著的進步。

不久就無法停止思考，不管看到什麼東西，都會瞬間主動想到「有沒有辦法把這個變成標語？」、「可以把這個變成插畫嗎？」。

一年的課程來到尾聲時，就有學生會這麼說：「之後要思考、上台報告的機會變少了，好空虛。」、「一開始很討厭，被逼著做，有好幾次想要翹課，後來就上癮了，上得很開心。」

出社會後，或許也有很多人在職場上不會被要求發言，工作上也不需要想些新點子就能完成工作，完全不動腦，只是散漫過日子。

這些人就必須刻意創造一些非思考不可的狀況來訓練思考，積極找機會在大家面前簡報、演講、發表點子，如此一來，就會漸漸習慣，能將思考的內容轉換成話語說出來。

在自己心裡製造出「另一個自己」

就加壓思考這點而言，有些專家在職業上就是需要這樣，例如將棋、圍棋的棋士就是。

說到「現代的思考偉人」，不能不提到的人物之一就是將棋棋士羽生善治九段。羽生達成七冠王、99期頭銜戰冠軍、永世七冠等前人未有的戰績，不用多說是位將棋界的頂尖選手。

在圍棋和將棋等世界裡，隱藏了很多思考中毒的天才。怎麼說呢？因為所謂的棋士，是個完全無法靠父母關係、人氣投票、其他人的推薦而獲得的職業，他們只要在比賽上獲勝就能升到前段排名，輸了就落到後段排名，在這樣的機制下，必須總是持續認真奮戰。

即便是以前曾拿過頭銜的名人[1]，只要一旦連續輸了，也只能隱退了。在這麼嚴峻的世界裡勝出取得壓倒性好戰績的羽生，真可說是天才中的天才。

我記得曾在羽生的著作裡讀過這樣的故事，他說他小學時總是緊盯著將棋的棋譜持續解題。

而且他看的不是一般的將棋棋譜，而是由江戶時代的將棋名人寫的棋譜，每題都是要想一、兩個小時或甚至要花上好幾天才解得出來的難題。看來羽生選手是不屈不撓地解將棋棋譜裡的難題，花了好多年才稱霸將棋界。

江戶時代的天才想出來的題目由現代的天才小學生破解，光想像這景象就覺得很珍貴。我個人一想到有人揣摩古代天才的頭腦，並與其頭腦連結且設法拉進與他的距離，就感動不已。

羽生選手說那時的經驗非常有助於他培養出高毅力且高耐久度的思考力。

我能夠斷言像這樣面對並解開難題的經驗，確實是個能提高思考程度的途徑。

面對難題時，重要的是一點一點繼續前進，不能中途停下來。在被問到「現在在想什麼？」時，答案如果和一個小時前一樣的話，就表示思考中斷了，就只是「看起來在思考」而已。

為了確認有沒有繼續思考，就必須在心裡有另一個自己來確認是否有在思考。

「現在有確實在思考嗎？」

「這一分鐘內思考是不是沒有進展？」

要邊思考邊問自己這些問題。

1—將棋界裡，對在頭銜戰比賽裡勝出的冠軍頭銜保持者的稱呼。

第一步是製造出另一個自己，明確訂出幾個確認的重點。以將棋為例，確認的重點是「有沒有好好執行『從想得到的可能性當中選出最好的一手棋』」。只要刪掉錯誤的那幾手棋，最後就能得出正確的。也就是說刪除錯誤的那幾手棋的時間＝思考的時間。

刪除錯誤答案的作業也稱作愛迪生思考法。愛迪生在做燈絲這個燈泡上所需的零件時，為了找到最合適的素材，反覆做了幾百次幾千次實驗後才找到日本的竹子，開啟了將燈泡實用化的道路。

實際上，職業棋士並非用消去法將所有的可能性消除，而是站在「是〇〇的感覺吧」這樣的大局上，再進行細部思考找證據。無論如何，都是透過反覆進行驗證等經驗，培養出思考力。

隨時處於備戰狀態

找機會思考、增加壓力的同時，也不能忘記要有身為當事人的意識。

在會議上常有這樣的情景出現：議題討論過一輪後，主席問「有什麼意見嗎？」、「如果有問題請提出來。」此時大家就一片靜默。

就我來看，完全不懂大家為什麼會一片靜默。

在開會時，一定會被詢問是否有什麼點子、提案、疑問，理論上應該每個人都會準備兩、三個想法來參加會議才是。

在工作和念書上所需的反射神經和運動員的反射神經相似。例如，打網球時沒將對方打來的球擊回去的情形和在會議上不發言的情形一樣，球飛過來時，必須馬上移動將球打回去，一定要保持這種備戰狀態。

沒處於備戰狀態的原因之一可舉出責任分散，假設一個會議有十個人參加，大家不自覺地就認為責任感降為十分之一，大家都抱著十分之一的當事人意識來參加會議。

這就像是把可爾必思的原液稀釋五十倍後才喝的感覺，沒味道也是當然的。因此，應該要抱持一對一的意識參加會議，隨時抱持有人會問自己問題的意識，或是讓自己的發言引導會議進行。

我從小學開始在上課時就都會回答老師問的問題，在老師問：「有什麼問題嗎？」、「覺得怎麼樣？」時，我從來沒回答過「我不知道」或是「現在正在想」。在別人問自己問題時是否能有所反應，和本身優不優秀無關，只要處於備戰狀態，任誰都能馬上反應。

職棒的超級明星長嶋茂雄說他曾經在守三壘時，處理過中間滾地球。三壘手接到三壘方向的滾地球的景象想像得出來，但是接住中間滾地球是超乎想像的。長嶋在比賽時，將所有飛到內野的球都視為是自己該處理的。

出社會的人也要學習這種野心，不要認為「因為有十個人，所以自己不想也沒關係」，而是要有「一定要讓大家採納我的意見」的心態，這樣才能提高思考的品質。

把所有事都當作「自己切身之事」

備戰狀態和觀察力有很大的關係，有在思考的人在看所有事情時，會仔細觀察，不會散漫地有看好像沒看一樣。例如，上料理課時，聽講的學生都很有熱忱地觀察講師的一舉一動。

那是因為待會兒自己也要做出同一道料理，如果散漫聽講的話，自己做不出來會很傷腦筋，而且也浪費了學費。

可是，不知道為什麼大家在上學校的課時，大部分都不是這樣子。「那麼，請大家把老師剛才在課堂裡說的話，照老師說的說一遍。」學生只要聽到老師這麼說，一定會認真聽課，可是實際上沒有老師這麼說，所以大部分的學生上課時都在發呆。

前面也說過，我在大學上課時，會不時請學生將我講的內容做摘要。我認為明明在全國的學校裡都可以採用這個方法的，大家卻都不執行。

除了學校的課之外，不管是看書還是看電影，幾乎所有的人在吸收資訊時都處於被動狀態。

聽音樂時也是，單純只是感受喜不喜歡而已，如果被問到「這首曲子的這個部分是由哪幾個樂器演奏的」時，也不知怎麼回答吧。不過專業的指揮家聽到同一段音樂時，會邊聽邊思考更細微的部分。

他們會邊和自己指揮同一首曲子時演奏出的音樂做比較，邊聽這首曲子的演奏技巧，因此能夠有很多新的發現，且會依照這些發現，再提高自己的演奏技巧。

總而言之，有在思考的人會將吸收的事物視為「自己切身之事」，因為有在想「如果是自己的話會怎麼做」，所以能將吸收到的事物活用於產出。

只要養成將所有事物視為「自己切身之事」的習慣，在看便利商店的陳列櫃、午餐的菜單或新聞時，看的角度會一百八十度轉變，而且能把在那些事物上得到的新發現運用於所有工作上的產出。

隨時預測事情展開的方向

養成凡事皆是「自己切身之事」加以觀察的習慣後，自然地也就養成了能預測事物發展的思考力。

我在念中學的一次校外教學上，有個挑戰「拆解引擎」的機會，那時住在位於三重縣鈴鹿市的本田工廠裡，和同學一起拆解汽車引擎。現在回想起來，那是個很難得的經驗。

我們這組總之就是非常樂於「拆解」這個行為，像是在比賽般不斷把零件拆下來。拆解完成後感到很有成就感，此時本田的技術員說出了我們沒料到的一段話：「好了，大家都拆解完了吧？那麼，現在把拆解的零件全部組裝起來。」

我們這組的人員包含我在內都愣然了，所有人都把精力放在拆解上，完全沒預想到「組裝」這個步驟。

我們打起精神，循著記憶想試著組裝回去，卻怎麼試都不成功。

不經意地往旁邊一看，別組正順利地慢慢組裝起來，他們在拆解零件時仔細把拆解順序記下來，然後就用像倒轉錄影帶的步驟，成功地把引擎組裝成原貌。看到那光景，我們很後悔「為什麼我們什麼都沒想就拆解了呢」，那股後悔現在都還深深記得。

拆解後再次組裝回去，冷靜想想這是很有可能的發展模式，我們卻沒瞻前顧後。

從這個失敗的體驗當中學到的是「預測」是重要的思考環節之一。

將發生於眼前的事當作「自己切身之事」觀察，並預測接下來的發展，這樣就能轉為具體的行動。

「好像會下雨，帶傘出門。」

「庫存快見底了，先訂貨吧。」

延伸這樣的思考模式，就能出現「企劃些可能會熱銷的商品」、「預想將來的發展訂策略」這些有創意的思維。

「選擇了預測的A模式的話，會變怎樣？」

「不選A模式，而選B模式的話，又會如何？」

總是循著這種假設採取行動的人是有確實思考的人。如果只是散漫地聽、散漫地看所有事物，絕對是沒在思考的。無論何時都應該要意識著「下一步會變怎樣？要怎麼做？」不斷思考才是。

視線動線和思考一致

培養出觀察力後，不管做什麼工作都能輕易產生思考力。

如同前面所述，持續思考的計程車司機和工作時沒在想的司機，開車的情況有天壤之別。

在餐飲店裡也是，當顧客舉手說「請給我菜單」時，什麼都沒想的店員就只是拿著菜單過去放在桌上。

可是，有在思考的店員，即使顧客什麼都沒說，也會把水和菜單一起拿過去，在適當的時間點來點餐。

如果在有思考的店員身上，裝個能看到大腦內部運作的機器，應該會看到那機器顯示出大腦大量快速運作的思考狀態吧。

「那桌的客人好像快吃完飯了，要來準備飲料了。」

「在端水給這桌的客人前，先把餐點明細單放到跟前的這張桌子上吧！」

「啊，那桌客人總是說不要放芥末，以防萬一先跟廚房說好了。」

如果現實生活上有這種機器的話，想必會強化工作效率，不過只要看著能幹的店員的舉動，就想像得出腦內是怎麼運作的。

在我所知的範圍內，能幹的店員裡，也有一些只是打工的，卻能將客人的名字都記住，在服務時叫得出客人的名字。

有那樣店員的餐廳會讓我想再去，如果那個人辭掉工作了，也會讓我不想再去。

電車的車內販售也是，存在著發揮創意思考力的超級銷售員。當中有如銷售天才般的人物，那個人只要在車內來回走一趟，商品就瞬間賣光。還看過某則報導寫道有銷售員因一剛開始擺上去的商品賣不夠，只好在中途靠站的車站補充商品來販售。

明明賣的商品一樣，乘客也幾乎一樣，為什麼會有這麼大的差別呢？我也有在搭新幹線時在車內買過東西，知道超級銷售員勤於放眼觀察。不只他個人給人的感覺很好，而且他的視線和思考都連結在一起。

在電車的車廂裡，總覺得不好意思大聲呼叫。

「啊，咖啡……」

有個銷售員在我小小聲地叫喚時，「啊」地馬上就察覺且往我走來，銷售業績很好的銷售員大多是這樣子的。

能幹的人在倒咖啡給我、收錢的同時，也自然地將視線掃向周圍，藉此發現需要服務的人，而正在猶豫要不要點咖啡的人視線一旦和銷售員對上，就會舉手表示「這裡也要咖啡」。

如此一來，整個氣氛就變得比較容易點餐，大家都被影響，那附近就會有很多人紛紛點起咖啡。

看了老師的教學方式也是，只要看老師的視線走向就知道他有沒有在動腦思考，厲害的老師會和學生對上好幾十次眼。

和學生對上眼不只能繼續抓住他們的注意力，還能掌握到每個學生理解到什麼樣的程度，邊掌握這些資訊邊臨機應變改變教法和進度，幫助學生理解課程內容。

沒認真看事情的人，和能將「看到的事情」與「思考」連結起來的人比起來，工作方式完全不同。

「咖啡廳」是最好的思考空間

接下來我們把焦點放在思考的「環境」上吧。

思考這個行為和思考的場所有很大的關聯，我的狀況是只要一到圖書館，思緒就完全停止，甚至讓我覺得那個空間是不是被噴灑了什麼催眠瓦斯，讓我想睡極了。

東大的綜合圖書館就是讓我強烈有此感覺的地方，我學生時代時總是坐下來那瞬間就像昏倒般睡著了，這樣完全無法念書，所以我就不去圖書館了，改在大學對面的咖啡廳念書。結果發現念書進度進展神速，連我都大吃一驚，自此之後，我總是在咖啡廳思考或寫論文。

這個習慣現在也還持續著，我還寫了《有15分鐘就進去咖啡廳！》（幻冬舍）這本書。書名帶點命令的語氣，這顯示出我完全相信進入咖啡廳就能有收穫。

現在只要進去自助式的咖啡廳，可以只點一杯兩百日幣左右的特調咖啡。花這個金額就能有效運用空檔時間來思考，沒有比這CP值更高的投資了。

換個地方也有提高專注力的效果，在咖啡廳裡最多待30分鐘～1個小時，在這有限的時間裡，最適合用來轉換心情思考了。

出了咖啡廳後，就暫時不再思考剛才的課題，開始做別的工作或開會。像這樣利用空檔時間思考，一天裡跑三家咖啡廳也不足為奇。

我個人在進入咖啡廳那瞬間，思考開關就立刻開啟。咖啡廳最大的魅力就是有剛剛好的雜音量，周遭有人、有東西會發出聲音，而且沒有人對自己特別有興趣，這正是能讓專注力提高的環境。

具體而言，可將思考出來的事情隨意記在智慧型手機的記事本裡，再整理成有邏輯的文章，或是放一張A4紙在桌上，動手寫下想出來的創意。

我有次在咖啡廳裡思考「要怎麼樣才能問出好的問題」、「好的問題是怎麼樣的問題」。在和人溝通時，提問技巧是不可或缺的，我思考著要不要來寫本提高提問技巧的書。

結果，一瞬間腦中冒出「提問力」這個詞彙。現在「〇〇力」這個字眼很常被使用，不過那時這還不是個大家熟悉的詞彙，因而讓大家眼睛一亮。

最後把那個詞彙直接拿來當書名出版了《提問力》（筑摩書房）這本暢銷書籍，接下來也陸續誕生了「〇〇力」的系列書籍。就像這樣，咖啡廳這個空間，是個能夠用比平常高好幾倍的專注力來加深思考的超讚空間。

學習星巴克打造有創意的環境

因為談到了咖啡廳，想來介紹一下對思考場所的「名稱」很講究的星巴克這家企業的故事。

有個電視節目叫《往面試場所GO！》（NHK），專門介紹對找工作的人而言很受歡迎的「面試場所」。這個節目有一集介紹了「日本星巴克咖啡（Starbucks

Coffee Japn）」的面試場所，等候室裡擺著的家具和店鋪裡陳設的一樣，面試場所也如同星巴克一樣呈現出洗鍊的氛圍。

在此引起我注意的是每間會議室的名稱。通常公司的會議室都叫做「第一……、第二……」或是「A、B、C」這樣的名稱。可是，星巴克花腦筋想了各間面試會議室的名稱。聽了答案，讓我佩服「真不愧是星巴克」。

機會難得，請大家想一下，假設各位是星巴克的員工，會將面試的會議室取什麼名字呢？

您可以自己一個人想，也可以和兩、三個公司的同事或朋友一起想，開心地從各種不同角度提出點子吧。

「叫一號室、二號室也很時髦啊。」

「想要表達出『就是星巴克』的感覺，要怎麼做？」

「叫『藍』或『紅』好像也不是那麼直接……」

或許在星巴克公司裡也開過會，像這樣提出各種點子吧。結果那些會議室的名稱是「坦尚尼亞」、「盧安達」等地名，也就是說全部都是咖啡的原產地名。

在別的領域的公司裡，如果在叫做「坦尚尼亞」、「盧安達」的會議室裡進行面試的話，充滿違和感，不過賣咖啡的公司在用咖啡原產地名的面試會議室裡舉行面試的話，讓人覺得理所當然，很有說服力。我很佩服他們真的是間連小地方都考慮周全的公司。

只不過是面試會議室的名稱，一取上咖啡原產地名，就覺得整個房間的氛圍好像變不一樣了。「在坦尚尼亞開會吧。」腦中某個角落就會浮現出坦尚尼亞，在討論咖啡的事時，思路也會比較清晰。

持續思考的秘密武器是什麼？

接下來討論如何利用「身體」這個「環境」持續思考。

原本人類的身體就是只要睡眠不夠或工作太多，就會馬上疲累，身體疲累必須靠睡眠充分恢復。

可是，訓練有素的頭腦的特色是，再怎麼過度思考也不會疲累，這和身體不同，而且只要給予巧克力等糖分，就能加速恢復。

我從學生時代開始就習慣隨身帶著巧克力，幾乎沒有不帶巧克力出門的時刻。問了周遭的人，幾乎所有人都說「巧克力是喜歡啦，不過不會喜歡到隨時帶著」，那麼，若說我是特別喜歡巧克力嗎？好像也不到那種程度，況且我平常自己在家看電視時，也不會特別吃巧克力，我並不是一整天都想吃巧克力的。

我仔細想想自己是何時吃巧克力，發現都是在工作很忙時，或是需要集中精神思考時，也就是說，巧克力是種大腦的能源，由此可知我只是借助巧克力的力量，提高思考的品質。

讀了被稱為漫畫之神的手塚治蟲的自傳漫畫，發現裡面有手塚大量攝取蛋糕等糖分的畫面。

現在，每當看到《三眼神童》、《怪醫黑傑克》等手塚治蟲的作品，都佩服內容之有趣且完成度之高，而且一想到他當時除了每個星期在週刊漫畫雜誌連載，還同時出版其他作品，就唯有驚嘆不已。

為了讓漫畫連載持續下去，每個星期都必須產出新點子，如果同時進行三本的話，單純計算就是要產出三倍的點子。

手塚之所以能夠以極高的速度出版名作，是因為他將思考力保持在相當高的狀態，甚至讓我認為戰後日本人當中，長時間讓頭腦保持高度思考力狀態的前一、兩名創作家就屬手塚治蟲莫屬了。

手塚想必是在每天的工作中鍛鍊思考力，保持著不易疲累的頭腦吧，再加上吃蛋糕快速恢復腦力，才能完成那不尋常的工作量。合理推測他應該是認為即使吃了飯，也要花些時間才能轉換成糖分，所以才想吃能快速轉換成糖分的甜食。

以前沒習慣思考的人，或許只要一打算思考一下，馬上就累了，此時只要吃一口巧克力等甜食，或許立即就能減輕疲累感了喔。當然為了健康著想，不要吃過多。

進入忘我的境界

為了做出思考上的起伏變化，要將工作的時間分成創意思考時間和做單純作業的時間，這樣不僅能提高做單純作業的效率，更重要的是這段時間內能儘量不使頭腦疲勞，讓大腦保持淨空。

例如，做貼信封這種單純的作業時，就用和抄經、禪坐、冥想時的心情做就好。花最少的思考精力完美完成作業，這可說成是種「忘我的境界（集中精神的狀態）」」。

對我而言，做書籍或雜誌校稿時，就是我進入忘我境界的作業時間。製作書籍的過程中，有個步驟是閱讀印刷出來的稿子藉以確認有沒有錯字缺字，這裡沒抓到錯字缺字的話，錯誤的內容就會直接被印刷出來。

講一個以前丟臉的失敗例子，我曾隨意翻閱某一本公關書時，發現有些錯字缺字（再版時出版社已修正過了）。

同樣地方我明明已經確認過很多次了，但在放鬆心情重新閱讀時，卻發現有不同的結果。也就是說，大腦依照你給他的設定方式，會發揮不同的功能。

在做校稿作業時，如果抱著「應該沒有錯誤吧」或是「出版社的校稿人員會幫忙看吧」的心情看的話，就不容易發現錯誤。如果抱著「一定有錯誤」、「自己不找出來，也沒其他人會幫忙找出來」的前提看的話，感受度也比較敏銳。

但是如果此時給大腦很大的壓力也不對，要先對大腦設定現在要在非常輕鬆的狀態下只專心做「抓出錯誤」這件事，就很容易抓到錯字缺字了。

「這裡印成經驗『值』，可是這裡正確的是經驗『知』[1]！」

此時甚至感覺到整篇文章像是會發出聲音般，這麼提醒自己。

這時大腦的使用方式和寫文章等需要創意的作業時完全不一樣，相對於「進攻的創意」，這時是「守備」的模式，舉例來說的話，可想像成是用低速轉動行駛的感覺。

仔細想想，像禪坐這種看似很單純無聊的行為，卻能讓頭腦淨空。禪坐的人藉由冷靜觀察自己來鍛鍊自己。

不加入主觀意見，只客觀觀察目標物，這稱作「觀照」。簡而言之，打造出另一個自己，和焦慮煩惱的自己保持距離。

「冷靜觀察做單純作業的自己」這個訓練，也能夠在平常的生活中進行。只要養成冷靜觀察自己的習慣，單純的作業就不會無聊，就能在一天裡做出起伏變化，形成進攻和守備的思考模式。

1－由經驗得到的知識。

第4章

靠「閱讀、書寫、說話」持續思考

思考力展現於「說話方式」

人類的思考程度從他的「說話方式」就看得出來。在公司裡，即使你說「我有在想，可是無法明確說出答案」是行不通的，說不出個所以然的人會被認為是沒在思考的人。

很可惜地不得不說今後無法將自己的想法用語言表達出來的人，是無法在世界上生存的。在工作上，先不說會不會說英文和中文了，用語言表達出有意義的內容這個能力愈來愈受到重視。

能用語言說明的人，也善於教別人事情。

他們不會用「大概像這樣『嘎～』地做下去就好」、「做久了就會習慣了，沒問題的」這種曖昧的說法帶過，而是能像SOP般，按照順序清楚傳達。一說到「SOP人」，雖代表這個人不會思考，但是沒有相當高的思考能力的話，是做不出SOP的。

今後愈來愈國際化，職場上會出現愈來愈多國籍和出身地不同的各種背景的人，此時有條理的說明技巧就會發揮其威力。

有確實動腦思考的人，不管問他什麼，他都能給出明確的答案，從這點來看，只要看了運動員的訪問，就常感到一流運動員思考能力之高。

例如，在足球界，現在隸屬於皇家馬德里足球隊的久保建英選手的訪問就是這樣，久保選手不管是用西班牙文還是日文對談，都能針對問題回答出言之有物的內容。

觀看足球比賽會發現，大部分的失分都不是起因於技術性不夠，而是起因於判斷錯誤，在足球比賽上，除了那些出乎人意料之外的漂亮進球之外，幾乎所有的得分都是因為對方隊伍守備上的判斷錯誤而造成的。

雙方都是技術和體力皆不分軒輊的職業隊伍，因此說思考力高低會左右勝負真的是不為過，因緊張或疲倦而有一瞬間的疏失，可說是非常致命。思考力高低會影響比賽時針對每個狀況的判斷是可想而知的。

思考速度和說話速度一致

被要求說些什麼意見時，連連發出「欸」、「那個」的人，很有可能是沒在思考的。

聽了桌球的張本智和選手在比賽後的訪談，就知道他不會說出「欸」、「那個」等多餘的口頭禪，而是很流暢地表達意見。在桌球這個競賽裡，也有很多選手讓人感到其思考力很高，這或許和這個運動的特性有密切關聯吧，因為桌球是個需要瞬間思考、判斷並回擊的運動。

桌球常被稱為是「像是邊跑一百公尺邊下西洋棋的運動」，因為在打球時需要因應打球的方向、旋轉、速度等條件，預測接下來兩、三球的走向，連續對打。可認為桌球選手平常就透過練習和比賽累積這種思考訓練，因此自然養成清楚明確地說出有意義的內容。

有些人能快速講出有意義的話，可說其頭腦運轉得很快。

頭腦高速運轉的人，其思考速度會將說話速度往上拉，因此把自己的想法說出口時，必然就變成說得很快。

我在會議上當主席時，常在聽著出席者發言的當下很想說「可以用三倍的速度講嗎？」因為同樣的內容用三倍的速度講的話，就可節省大家的時間。

我在大學講課時，會先跟學生說好「你們不要跟我抱怨說我講話速度太快」。一剛開始學生不習慣我講話太快，不過過一陣子後，他們就能跟上我的速度了，而且因累積了思考訓練，每個學生講話的速度都變快了許多。

只是發著呆想事情的人，不管給他多少思考時間，得出的效果還是有限，為了增加思考時間變成思考中毒，必須加快思考速度。

理想狀態是先做速度訓練，之後再慢慢延長思考的時間。就我的經驗而言，只要加以訓練，很明顯地就能達到「思考速度＝說話速度」。

可練習在短時間內俐落乾脆地說話，這樣的練習很有效果，如此能夠自己感覺出這段話裡有幾%是有意義的。

首先試著將思考過的內容用15秒說出來

建議還沒有思考習慣的人可以從說出「15秒的意見」開始。

通常在學校的課堂上有這樣的景象，老師跟學生說：「好，現在開始給你們十分鐘想想看。」可是，這段思考時間幾乎是浪費掉了，因為知道答案的學生想個一、兩分鐘就想出答案了，而不知道答案的學生想了一、兩分鐘就放棄了，也沒再繼續思考了。

無論是哪方的學生在剩下的八分鐘內，都只是乾等時間流逝而已，這問題出在老師的時間設定上。

大多數的人無法持續長時間的思考，將「思考」想像成「跑步」就能理解，平常有在鍛鍊的馬拉松選手，只花兩個多小時就能跑完42.195公里，同樣地，習慣思考的人持續思考兩個小時也不覺得痛苦。

可是，平常沒在運動的人突然被要求「跑42.195公里的馬拉松」也跑不完，比較合邏輯的方式是一剛開始先稍微慢跑一百公尺，之後再慢慢拉長距離並加快速度。

關於思考也是，突然花長時間思考很困難，首先先設定「先思考15秒內講得完的內容」，這樣才能認真思考。

我身為教育研究者，一直在研究要怎麼樣才能延長學生的思考時間，結果發現呼吸和思考有密切的關聯。

簡而言之就是在吸氣的瞬間，思考會停止，因此要持續思考的話，就必須持續進行以吐氣為主的呼吸方式。

我自己也有在做呼吸訓練，所以一分鐘只換氣一、兩次就能不停地說話，甚至被學生說：「我們看您這樣，覺得自己快喘不過氣了，請您呼吸一下吧。」不過一般人要邊吐氣邊講話的話，15秒是極限了吧。

因此，請先訓練「將思考過的內容用15秒講出來」。

從奇摩留言處學習「下評語的能力」

如果能說出合時宜的評語，會讓人覺得這個人真的「有在思考」。從這點來看，瀏覽網路報導的留言處，可找到能夠磨練思考力的頗具參考價值的寫法。

我在看 Yahoo! 新聞的報導時，習慣順便瀏覽一下留言處，數量多時，有可能一天裡看了五、六百則留言，此時每每會發現有不少人能提出敏銳的見解和適切的評語，讓我佩服不已。

2019 年 12 月，世界重量級拳擊頭銜保衛戰上，安迪・魯伊茲（Andy Ruiz Jr.）和安東尼・約書亞（Anthony Joshua）兩位選手展開激戰，比賽結果是約書亞選手以極大的分數差距獲勝，不過約書亞選手單方面滿場逃避，是場平凡無奇的比賽。

我想應該有很多拳擊粉絲和我一樣感到不痛快吧，報導比賽結果的新聞下方，出現很多嚴厲批評比賽內容的留言。

其中最吸引我注意的是「讓維爾德王者來制裁他」這則留言。對拳擊毫無興趣的人而言，完全不懂這句話的意思，不過維爾德指的果然還是那位重量級拳王迪昂泰・維爾德（Deontay Wilder），是WBC這個協會的拳王金腰帶持有者（當時）。

約書亞選手獲得四大聯盟當中三個聯盟的王座，和持有最後一個他未取得的聯盟的金腰帶維爾德的對戰受人期待。但是，看了剛才那場比賽過程，約書亞選手只會被維爾德擊倒吧，剛才那則留言充滿著「希望維爾德能打敗打出這麼無聊比賽的約書亞」這種期待。

我在看到這則留言的瞬間，感到多數拳擊粉絲有的那股不痛快感都在這一句中表現了出來，也對這句讓人痛快不已的高水準評語感到驚嘆、爆笑，不自覺地想喊出：「給他一塊坐墊！[1]」

1　起源於《笑點》這個節目，內容為日本古典落語、傳統相聲等傳統技藝，只要落語家們講出好笑有意思的內容，主持人就會給他一塊坐墊。

我總是在新聞報導的留言欄裡感受到日本人優異的下評語能力。看到優異的留言，覺得大家都將思考力發揮得淋漓盡致，為此感到高興，想到一般民眾裡也有這麼多人能動腦寫出這麼優秀的留言，就覺得日本也不是沒有救了。

看著優異的留言，學習其思考迴路，這可說是個很推薦的方法，也能加強在閒聊當中，回應出有創意的評語的能力。

找個有創意的同伴

當一個人說出某個意見，另一個人回應出另一個意見，這樣讓思考往前進也是種充滿刺激的行為，用譬喻來說，可想像成是好幾台電腦接起來變成一台超級電腦。

在歷史上也看得出來，對話是思考的基本呈現方式，古希臘哲學家蘇格拉底就是和柏拉圖等弟子們邊對話邊將思想構築起來，柏拉圖的著作幾乎都是以對話篇的形式留下來，也就是說哲學原本就是由對話形成的。

蘇格拉底和柏拉圖使用的這種思考方式，黑格爾取了個名稱叫「辯證法」，這個思考方式就是由對話成立的。說到「辯證法」總讓人覺得好像很難的樣子，不過簡單彙整一下就是「將一個主張和另一個矛盾的主張結合起來，再突破這個矛盾，導出另一個更高次元的結論」。

也就是說，像是和「超級連結同伴」一起高速衝擊自己的想法，雙方一起提高思考程度是可行的，也能夠實際感受到「思考無法停止」的心情。

我自己從中學時期開始就有這種朋友，我們習慣每天至少談話兩、三個小時。我和這個朋友進同一所大學、念同一間研究所，住在同一個城市的兩個人持續過著開讀書會的生活。在讀書會上我們會針對自己看過的書和電影說些感想，聽了這些感想的人就會提出疑問和意見，然後我們針對這些意見再闡述出新的見解。

昨天討論了馬克思、今天是尼采、明天是黑格爾……大概像這樣每天換話題，如此累積了特殊的思考訓練，所以只要兩個人對話就一定能導出新的點子，之後再把這些彙整成文章，就完成一篇論文了，我們就像這樣持續著有意義的思考。

各位讀者也可以在職場上找個有思考力的同伴，試著在午餐時刻進行高速的投接球式的對話。

當然和推心置腹的好朋友開心聊些沒什麼內容的事也不錯，不過建議也交一些非閒聊而是能進行思考的交戰對手的同伴。

和同伴每天反覆進行思考交戰的話，思考的內容就會漸漸有創意。找到有創意的思考對象是提高思考力的最佳手段。

和另一個自己辯論

當作利用對話方式提高思考力的應用篇，養成「自己心裡的對話」也是其中一個方法。

自己心中的某個人主張某個意見，另一個人再針對此提出另一個意見，像這樣在大腦內邊辯論邊加深思考程度。

我在睡覺時，常做到和某個人辯論的夢，只要我一說出自己的意見，就會出現超強有力的辯論敵手，頑強地攻擊我的弱點，甚至有時在早上起床後還感到疲累不已。

當我跟學生說起這件事時，有學生提出這樣的感想：「那是當然的呀，因為在夢中出現的辯論對手就是齊藤老師您自己呀，老師盡全力為自己辯論，當然會疲累不堪啊。」

原來如此，被他這麼一說，想想也的確是這樣。

進行自己內心對話，自己針對自己意見裡矛盾的部分或邏輯上站不住腳的部分提出異議，再加以反駁，這樣練習過後，不管被誰問到什麼問題，都是演練過的。

在職場的會議上說出自己的意見而被主管反駁時，也能夠處變不驚，「關於這點我自己也研究過了，只要這麼做就能解決這個問題。」能夠冷靜地給予適當回應。

實際上，在很多場合都看得到我們自己內心對話的跡象。看小說時會看到男女間的對話，追根究柢這些就是小說家在大腦內建立出另一個人格，編出來的虛構的對話，也就是自己內心的對話。

運用這個方法，設定「店員」和「顧客」這些角色試著寫對話句子，就能完成一份精彩的虛擬客訴問答集。

落語[1]和漫才[2]的腳本就是寫得很有趣的虛擬問答集，一個人講出裝傻的話，另一個人吐槽他，在這一搭一唱當中產生笑點。

正因為有尖銳的吐槽，才能凸顯出裝傻的那句話很有趣。我參加的《全力出擊！四肢無力時間》這個節目裡，每次搞笑藝人們都展開出眾的吐槽，當中又以不可接觸（UNTOUCHABLE）這個搞笑組合的柴田英嗣等人用驚人的速度連續吐槽，讓我驚嘆不已。

連一些一般人聽過就算了的點，柴田也會全部抓出來，針對每個點都回應出適當的吐槽話語，而且連他的搭檔山崎講出些沒在腳本內的即興演出，他也都能瞬間吐槽，太精彩了。

看著搞笑藝人吐槽的樣子，看起來很像是反射性的反應，但是實際上他們腦子裡是以超高速度在思考的，他們瞬間會想出三、四句話並從中選出最好的一句講出來。

這些句子的發想或是挑選，只要一個錯誤，就不會引起別人發笑，這讓人感到受歡迎的搞笑藝人的思考能力之優異。

不以說出笑點為目標也沒關係，自己吐槽自己的想法這種自己內心對話是有其意義的，自己指出矛盾和錯誤，就能繼續自己一個人思考。

1－日本的一種起源於江戶時期的傳統表演藝術，由一人分飾多個角色，通過肢體語言及手勢描繪各類故事。

2－日本的一種喜劇表演形式，與中國的對口相聲、西方的雙人搭檔相似。

看文學作品時，也一邊吐槽的話，會變得比較看得下去，我很喜歡這麼做，甚至想出一本《吐槽世界文學》的書。

向佐藤可士和學習與思考相關的「傾聽力」

大家可能認為和「說話」比起來，「聽」是比較被動的行為，可是實際上積極地「聽」是提高思考力的有效方式。

就我所知的思考中毒者的其中一人是佐藤可士和，他是以製作出 UNIQLO、7-ELEVEN、樂天等知名企業的 Logo 設計而出名的創意總監。

我和可士和在《制定佐藤可士和的新規則》（筑摩書房）這本書裡對談過。在對談當中，可士和說他在遇到困境或困難時會感到緊張刺激，在這狀況下會產生出創意點子，這就是工作的有趣之處。他有一段時間沉迷於滑板，還在博報堂的公司裡到處滑，這必須在不穩定的狀態下取得平衡，他說在這個行為裡感受到發揮創意的快感。

聽他談了很多，當中有件事讓我印象深刻，就是他採取的做法是很重視徹底聽顧客講話。

或許您會認為不管是誰都會在工作時聽顧客和客戶說話呀，不過可士和他是「非常仔細地聽」。聽說他之所以會這麼仔細聽，是因為之前有過一個因沒仔細聽而失敗的例子，他只聽了一部分就開始工作，等拿了設計好的成果去給客戶看時，才發現這和客戶想要的東西完全不同，那個工作就泡湯了。

他很懊惱為什麼沒有好好確認客戶的需求，他說因為有這個苦澀的經驗，之後他就會確實聽取客戶的需求後再思考。

雖說本來就不是只聽了客戶的需求就很清楚該做什麼，必須根據獲得的資訊，再以具體的形式呈現出來，這才是實力展現之處。

像可士和這種善於傾聽的人並不是只聽取對方的需求，而是從那需求當中得到靈感，再做出有創意的成果。

將對方的需求和自己的思考技巧性地結合起來，再從湧現出的各種點子當中，決定並展現出「就是這個了」的成果。

沒有閱讀能力是因爲缺乏思考

除了鍛鍊說話之外，鍛鍊思考力的方法之一還可舉出鍛鍊閱讀能力與理解能力。讀懂資訊這個行為本身就是個思考行為，因而可認為「有優異的閱讀能力和理解能力的人＝有思考力的人」。

OECD（經濟合作暨發展組織）進行的國際學生能力評量計畫（PISA: Programme for International Student Assessment, 2018）上，日本在「閱讀能力」這個項目的排名從上次（2015年）的第8名降到第15名，成為一個很大的話題。

無論是數學或社會科，要學會所有科目的基礎就是閱讀能力，不會閱讀文章的話，可視為幾乎沒發揮任何思考力。

雖說如此，也不能只嘆息孩子的能力不夠，我覺得大人裡也有相當高比例的人缺乏閱讀能力與理解能力。

例如，有些政治家在發表政見時，明明很能抓住選民的心，但是在議會答辯時，卻說出牛頭不對馬嘴的話。他的答辯內容完全和被質詢的問題無關，看來他似乎沒確實理解那個問題的重點，雖然說不定他是故意巧妙地岔開話題，可是客觀來看的話，他只會被認為是個「閱讀能力與理解能力不足的人」。

接受提問時，不知道的話就老實回答「不知道」，這也沒辦法，但是，針對問題卻不斷說出答非所問的回答，在國際上只會被認為是欠缺能力的人，這是很致命的。

在全球化時代裡，會英語或法語等外語是很重要沒錯，不過比起這個，能夠確實掌握到對方發言的意圖，並回覆正中核心的答案這種能力更重要。

語言方面，只要找個口譯員就能傳達意思，但如果沒有理解能力的話，連基本的溝通都無法成立。

我以前曾在北歐某國的學會上發表論文，那時與會人員不斷提問。

「日本的『能』的呼吸法和西班牙的『佛朗明哥』的呼吸法不同，您怎麼認為？」

也有西班牙人提出這個具體且有趣的問題。聽到這個問題，我知道他們正確理解了我的發表內容，並正確整理出想知道的知識。

如果此時我回答出文不對題的答案的話，就會被解讀為「這個人問什麼都沒用」、「這個人缺乏思考力」。相反地，如果此時回答出合邏輯的答案的話，就可以讓大家心服口服。

順帶一提，當時我回答了：「關於憋氣方式不同，『能』是將氣吸到上半身的下方，而『佛朗明哥』是將氣吸在上方。」大家都認同了。

正確理解聽到的事情並回答的能力，只靠平常的聊天是很難訓練出來的。平常聊天時只要有共鳴即可，是否合邏輯並不是那麼重要，可是在商業上或做學問上，需要合邏輯的問答，因此訓練讀懂對方講的話和文章的能力就很重要了。

思考中毒始於鉛字中毒

如果面對特殊的事件或狀況時，能有理解並看清其本質的能力的話，就能夠針對那些狀況想出具體的對策。

「客訴的人真正想說的是什麼？」

「使用者真正想要的是什麼？」

有能力看清這些事的本質並思考的人才能做出最佳的工作成果。

例如「大頭貼」這個商品，表面上看起來只是「照片＋貼紙」，可是深究其本質，會發現這是一種「想將和朋友度過的一瞬間做成貼紙留下來，並和朋友交換」

的想法，正因為將這種本質具體化，才能引起眾多國高中生的共鳴。

實際上想訓練掌握這種本質的話，閱讀文學作品可說是個非常有效的手段，優秀的文學作品其文章背後都隱藏著某種情感本質，讀懂其本質才是閱讀俱來的醍醐味。

舉個例子來說，太宰治有篇《眉山》的短篇小說，舞台背景是一間被認為就是太宰本人的主角和小說家朋友常去光顧的餐飲店，在那裡，有個叫做「小敏」的女傭一直想加入文學家們的對話，大家在她背後都叫她的小名「眉山」。

所有酒伴都在背後狠狠地說她壞話，不過總是禁不住地踏進那家店，一剛開始由主角帶進店的人之後也很常一個人光顧。

之後，主角因飲酒過度弄壞身體，在家躺了十多天後，又去了那家店，被告知小敏因腎結核回鄉療養，看來似乎活不過多久。

那些酒伴們此時不斷想起她的事。

「現今像那樣乖巧的孩子已經很少見了，她很盡力地替我們服務呢，當我們住在二樓，在半夜兩、三點醒來時，只要走到樓下，喊一聲『小敏，拿酒來』，她馬上就會回『好的』。明明很冷的，她卻一點都不覺得麻煩，馬上起床拿酒來，那樣的孩子，不多見啊。」

他們從那天後就換到另一間店喝酒了，實際上他們雖然會和小敏吵架或嘲弄她，可是大家都是喜歡她的。

若只看表面就可能解釋成「大家明明那麼嘲笑她，一旦她突然消失，卻又好像很寂寞，也太假了」，可是追究本質的話，會發現作者筆下的意思很明白地表現出大家其實是想看到她才會到店裡的。就像這樣，閱讀這些描寫人類情感的微妙處的文學作品，會改變看事情時的深度和角度。

閱讀鉛字，能從中加入自己的想像而覺得有趣或雀躍，這樣的體驗有直接鍛鍊思考力的效果。「思考中毒始於鉛字中毒」，或者可說是「只要變成鉛字中毒，思考就無法停止」吧。

您會邊看書邊思考嗎？

例如，比起發呆什麼事都不做，讀夏目漱石的書可說是一種思考的狀態。邊看文章邊理解內容，只這樣做也算是持續在思考。

可是這只不過是個發揮最低限度的思考力的狀態。看完漱石的《少爺》後，被問到「看完這本書你有什麼感想？」時，如果你只回答出「書裡出現一個不會瞻前顧後的老師」、「總之文章步調很明快，讓人忍不住想繼續看下去，很有趣」這樣的內容的話，讓人感到少了點什麼。

「這部作品裡，人物個性的設定是相對照的，很有趣。」

「開頭部分有點像勝小吉的《夢醉獨言》的感覺。」

回答出這樣的內容，讓人覺得「有在思考」。

思考這個行為應伴隨著為思考所下的功夫。

「把這個要素這麼做，會變怎樣？」

「這個問題的本質是這裡吧？」

「有這種東西的話，或許會很有趣。」

下些功夫這麼想，才會出現思考的醍醐味。

例如，19世紀的作家赫爾曼・梅爾維爾的長篇小說《白鯨記》是以某個青年主角的觀點展開故事情節，不過中間開始變成用第三人稱敘述。

小說的文章裡並沒註明有這樣的變化，因此有人會發現，有人不會發現。有發現的人在發現後會思考「作者是因為有○○的考量，才會用這樣的寫法吧」，能這麼想的人可說是有在思考上下功夫的人。

說到小說裡使用的人稱，有學過一定程度英語的人若要將川端康成的《雪國》翻譯成英文的話，在開頭的那句話就會遇到困難。

「穿過縣界長長的隧道，便是雪國。」

這句的主詞是「I」還是「Shimamura」還是「The train」？此時會很煩惱哪個才是正確的，如果只是看到一句日文「穿過縣界長長的隧道，便是雪國」，也不會特別想什麼就看過去了，不過認真思考的話，就會發現這句話的主詞很不清楚。

實際上，翻譯了這部作品的日本學者愛德華・喬治・賽登斯蒂卡（Edward George Seidensticker）說他在翻譯時費了很多苦心，我也翻譯過英文的文章並出版，覺得這比平常用日文寫文章還需要好幾倍的思考力，實際感受到翻譯家是如何不斷地思考著。

做了翻譯這件事後，就會發現或許日本人並不會明確分辨出主體和客體，而是生活在一個主客體不分的模糊不清的世界裡。

話雖這麼說，我也不是要大家去挑戰翻譯。不刻意挑戰翻譯，只要意識一下要在思考上下些功夫，看文章的方式也會有所改變才是。

使用三色原子筆能讓思考源源不絕

作為在閱讀時深入思考的方法，我提倡「三色原子筆活用法」。三種顏色的用法如下：

- 紅色＝我覺得「非常重要」的地方
- 藍色＝我覺得「有點重要」的地方
- 綠色＝我覺得「有興趣、很有趣」的地方

客觀來看，非常重要的部分用紅線劃出來，因為紅色很容易看到，馬上就知道那是重要部分，所以在閱讀時，使用在「就是這裡！」的地方。之後只要再重讀劃紅線的部分，就能明確掌握到作者想表達的主旨。所以紅色不要隨便使用，一定要嚴選後再用。

接下來講藍色，藍色是在「覺得有點重要」的地方時使用的，使用時機大概就是之後再次閱讀時，看了劃藍線的部分，可以抓到這篇的梗概和要點。和紅色比起

來，藍色可以劃比較多的地方。

最後是綠色，這是劃出個人主觀認為有趣的地方，頂多只是個人覺得「有趣的句子」就行。

這完全是靠自己的感覺，自由劃線而已。有些地方同時劃上紅色和藍色也沒關係，也可以在那些和內容主旨完全沒關係、不過自己覺得很特別的句子，或只有自己有興趣的一些行家才理解的地方劃線。反而是在一些別人看來甚至覺得「你對這句的哪個部分有興趣啊？」的地方劃線更好。

如果一剛開始就很嚴格執行三種顏色的分法，反倒無法專心看文章內容，因此不需要想得太嚴重，大概區分一下就可以了。

姑且抱著「紅色和藍色是客觀」、「綠色是主觀」的概念閱讀劃線即可，如果這樣也很難的話，就主要使用自由度很高的綠色也好，只邊看邊劃綠色線也會讓閱讀變得很有趣。

劃線才能讓自己意識到自己的思考模式。

也就是說，這樣有助於產出，才能寫出文章或是和別人對談。

三色原子筆當然也可以活用於開會時，或是自己一個人思考時。寫筆記時，重要程度高的資訊用紅筆寫，重要程度較不高的資訊用藍筆寫，主觀的感想用綠筆寫，如此一來，一被問到有什麼意見時，就能夠馬上回答出來。

我的體質已經變成不用三色原子筆就無法思考了，甚至覺得不用三色原子筆就能思考的人很不可思議。

一使用三色原子筆，思考肯定會停不下來，只要習慣實際使用方式的訣竅，不管做什麼事，都離不開這三色原子筆。

思考的終極行爲是「書寫」

相較於「說話」、「閱讀」，更高層次的思考行為是寫文章。

在對話時，有些人會不斷說出有趣的事引起大家的注意，可是有時把那些有趣的內容化成文字後，會發現完全不懂他在說什麼，或是發現內容有矛盾之處。

「說話很有趣」是由說話者有趣的個性、說話步調掌握得很好、說話語調這些要素構成的，簡而言之，比起說話的內容，是靠氣氛打造出有趣的內容的。

當然能依照當時氣氛說些有趣的話，靠本人的個性討人喜歡也是一個很厲害的才能，特別是在日常對話中，即便說出有點矛盾的話，對方也會邊聽邊自己腦補些資訊，是可以被原諒的。

但是如果只因某個人講話很有趣就判斷這個人是「頭腦動得很快的人」是不妥的。能快速講話當然很重要，不過用文章寫出有內容的資訊也是很重要的。

能將自己的思考化為文字，是有動腦思考的最佳證明，理想狀態是追求「說話」和「書寫」這兩種產出。實際上，比起「說話」，「書寫」更要求紮實的思考力。

之前也敘述過，日本在OECD進行的「PISA」這個測試裡，「閱讀能力」倒退到第15名。

在這個測試裡，有人指出日本學生的缺點，就是日本學生對於申論題的答題能力很弱。雖然基礎學力不差，可是書寫的練習不夠，可能是大家懶得把自己的想法用文字表達出來，或是缺乏將之轉化為文字的經驗。

至於要如何訓練抓到文章脈絡、讀懂文章？看書是最有效的。可是，再進一步將看過的內容加入自己的感想寫出來，加深思考層次是更理想的，我甚至覺得國文課的考試應該全部改成申論題才好。

實際上，東京大學的社會科入學考試會出很多題申論題，那些一看到考題就退縮的學生就完全不知所措了。

若是法學部，考試時，幾乎每次都是只拿到一張全白的考卷，通篇要求寫長文。果然只理解文章是不夠的，能否寫出文章才是被拿來測試有無思考力的方法。

善用社群網路來幫助思考

比起只閱讀文字，持續自己書寫有確實加深思考的效果。

我想我之所以養成寫文章的習慣，是受到學校老師很深的影響。小學一年級時，學校每天的功課就是寫繪圖日記。

寫了繪圖日記交給老師後，老師每次都會寫些評語再發回來，「太好了」、「寫得很好呢」這些評語都給我很大的鼓勵。

一剛開始是因為剛學會平假名，就把學到的字全部列出來，這樣持續了一年，累積了好幾本日記本。那時，對於書寫這件事已經不會覺得不安了，我現在還是由衷感謝當時的老師。

習慣寫繪圖日記後，寫讀書心得報告也不會覺得那麼難了。在學校圖書室借書，看完後，就寫一篇讀書心得報告。教室裡有寫心得報告的稿紙，我記得是一張有一個可以畫圖的格子加上三百字左右的稿紙。

和單純閱讀比起來，寫心得報告更勞心費神。只順著作者的思考脈絡被動式地看下去，也算是閱讀，不過寫心得報告時一定要自己動腦，所以說書寫和思考是直通的。

證據就是分別進行「閱讀」和「書寫」這兩個行為，做後者時較前者累好幾倍。

「一叫學生寫讀書心得報告，他們就會很討厭看書，最好不要這麼做，只要讓他們開心看書就好了。」

不時看到有人這樣主張，我都覺得很不可思議，因為我認為既然要教育孩子，如果不培養他們能夠書寫的思考力，有什麼意義？

這不限於孩子，也適用於大人。看完書後，不要只覺得「好有趣」，在社群網站上寫些評論，或是跟家人朋友講感想，能把思考力提升到這種程度是最理想的。

例如，也可以試著每個星期看兩部電影後，把感想寫在社群網站上。一部電影寫一千個字，一個月寫十部電影，這樣也算動了不少腦筋。現今社會的好處就是自己發佈出來的資訊一定有某些人會看到，這樣會寫得比較起勁。如果有正向的評價，就會愈寫愈起勁。

只要是喜歡電影的人，一剛開始連續寫十部電影的影評應該不是什麼問題。寫了十部後就會有小小的成就感，這股成就感就變成是寫接下來十部的動力。

如此一來，看電影的觀賞方式會產生改變，在看電影時就會想著「啊，這個一定要寫下來」、「這個也想寫」，就會啟動思考模式。這樣並不是沒在享受觀賞電影的樂趣，反而該說是更深入觀賞、想得更深的證據。

我也曾受邀參加過電影試映會，看完要幫忙寫宣傳文宣，我深深感到果然這時的我比平常更認真看電影並思考。

等習慣看電影時會加以思考的話，寫觀後感就不會覺得那麼痛苦了。如果有人連這樣都還懶得寫的話，在此提供一個妙招。

首先在看電影時，就選出一些讓自己覺得「這裡印象深刻」的地方，看完後從整部電影中嚴選出三個最佳片段，此時平均地從整部電影的前段、中段、後段各選出一個片段是較理想的。

把每個片段寫出來，再加上一些評語，這樣就算完成一篇電影觀後感了。

用「超級檢索能力」獲得更深的知識

接下來談一些在寫文章時，活用網路的方式。

網路是所有知識的寶庫，俯拾皆是構成創意的泉源，只要巧妙地活用網路，就能將幾個知識結合起來變成創意。

我將在網路上查資料後產出成果的檢索方式稱為「超級檢索」。所謂的超級檢索，指的是針對某個主題，檢索五次、十次藉以加深知識的手法。

說得極端一點，只單純「檢索很多資訊」是欠缺刺激的，因此我刻意提出「培養超級檢索能力」這個詞彙。

在大學裡，我會給學生一個關鍵字，讓他們挑戰看看在五分鐘內能檢索出多少資訊。

四個人一組，大家用智慧型手機分工合作反覆檢索，然後請他們檢索後彙整結果並上台報告，常常每一組檢索出來的結果都有天壤之別。

做了這件事，就會發現自己意外地沒有好好發揮網路檢索能力，明明一整天都拿著手機，卻不知為何沒有將之活用於思考上，真的是太不認真檢索了。

為什麼我會發現現代人的檢索能力很差呢？那是因為我在監修各種電視節目和書籍時，常指出裡頭的錯誤資訊。

有些資訊只要在網路上檢索四、五次，就能發現那很明顯是個錯誤的資訊，大家卻理所當然地使用，常常造成我還要全部自己重新查過。

大家常說網路上的資訊良莠不齊，不過只要反覆檢索，就可整理出某個程度的高精確度的資訊。

例如，世間普遍流傳著有句拿破崙的名言是「我的字典裡沒有不可能」，可是遍尋《拿破崙語錄》都找不到這句話。

「世間最有趣、最了不起的事是有個能做一輩子的工作。」

這句話以福澤諭吉的名言流傳著，可是看了《福澤諭吉全集》也找不到這句話。這道聽塗說又道聽塗說，不知不覺間，錯誤的資訊就變成真實留在大家心中，這樣的例子很常見，請大家記得像這樣的誤傳，只要正確使用網路，很容易就能發現。

檢索正確的知識後，再依照正確的知識產出，希望大家最少要有這種基本運用網路的能力。

有動腦思考的人隨時都會有「新發現」

思考的時間變長的話，在生活中發現新事物的次數就會變多，將發現的新事物說出來或寫出來，思考力會確實提高，容易產生出有創意的點子。

例如，參加研討會和讀書會時，如果只能說出「受益匪淺」、「有很多值得參考的地方」這類感想的話，就是思考力不夠的證明。

只要有心，一定能發現更多事，也能寫出一篇還不錯的報告。一個小時的研討會，如果把發現到的事一件一件寫出來的話，可以寫出不下十張稿紙的內容，這就是有動腦思考的人產出的成果。

文學家就是有種能力，他們擅長將理所當然的體驗無限延伸，描述出來。

我好幾次都拿太宰治當例子，他有一篇名為《佐渡》的短篇小說，那是一部將造訪佐渡時，沒有太大起伏的體驗和風景，用作家特有的優秀寫作力仔細描述出來的作品。

將這部作品用一句話做總結的話，就是「我去了一趟佐渡，那裡什麼都沒有，我早就知道那裡什麼都沒有，但我還是去看了，結果發現真的是什麼都沒有」。

一般人來寫的話，大概只寫一句「什麼都沒有」就結束了，而太宰治則運用他引人入勝的撰寫能力將他發現到的事寫了好幾點出來，概要如下：

搭船從新潟出發後不久就看到一座像是佐渡的島，但不知道為什麼船卻過島不停，可是地圖上顯示出新潟附近的島嶼只有一座，因此我以為那座就是佐渡島，才造成頭腦混亂。我本來想問別人「那是什麼島？」可是又擔心如果那真的是佐渡島的話，可能會被認為是「奇怪的人」，所以問不出口。

船駛過那座島嶼後，看到了陸地的影子，我驚訝於「那座島太大了，到底是座什麼島？」結果那就是佐渡。佐渡島是呈現「工」倒過來的形狀，最初映入眼簾的是小小座的群山，一大片平原隱藏在那後面，所以看起來像是兩個島。

將稍微的不安與發現化為文章，就產生出小說的有趣之處。不過能將微不足道的佐渡之行寫成有趣的文章，是因為太宰治有高度的思考力，且有優秀的寫作力，才能把這些轉化為文章。

有思考能力的人在日常生活當中，常常會有些新發現，因此，有思考力的人寫出來的文章裡到處都看得到這種新發現。

如果能將平凡無奇的日常生活寫得很有趣的話，就可說思考力的程度提高很多了，而且，提高思考力程度的捷徑就是變成思考中毒。

第5章

產生點子的思考力

爆紅商品的背後有思考中毒的人

被稱為「現代管理學教父」且催生了管理這個學門的管理學者彼得・杜拉克（Peter Ferdinand Drucker）將販售和行銷做了對照。

販售，說得極端一點，就是研究既有的商品要如何賣出的努力，相對於此，行銷指的是在商品尚未出現時，去了解消費者需要什麼的努力。在杜拉克的著作裡說到「理想的行銷就是不需要特別販售」，而是自然就銷售得出去，或是也可用「顧客的創造」這個詞彙來解釋。

如同預期的，現代企業是重視行銷而非販售。例如，1980 年代初期以前，啤酒業界銷售量第一名是麒麟啤酒，再來是札幌啤酒、朝日啤酒，朝日啤酒只屈居第三名，且被前兩名遠遠地拋在後頭。

但是，1987 年推出的朝日 SUPER DRY 大受歡迎，形勢一口氣逆轉，終於站上市場銷售龍頭。

至於這個改寫了啤酒業界版圖的暢銷產品是怎麼誕生的呢？

實際上是公司進行了大規模的消費者喜好調查，詢問消費者喜歡什麼味道，結果得知大家喜歡更爽口、甜膩感更少的啤酒。

開發部人員把這個結果傳達給技術員知道，他們一開始說「這樣就失去了啤酒的甘味」而斷然拒絕了，後來為了做出符合消費者需求的商品而開始研發，結果誕生了SUPER DRY。想必朝日啤酒的商品開發負責人每天都在思考要怎麼才能做出顧客喜歡的味道。

暢銷商品的背後一定有思考的痕跡，並非滿足於「我只要做出自己覺得好的東西就好了」，而是要思考怎麼做才賣得出去，且不斷嘗試並從錯誤中學習。

看了報紙的排版也知道，以前是小小的鉛字排得密密麻麻的，資訊量愈多愈好，可是現在報紙上的鉛字都放大不少。

報紙本身的尺寸和頁數並無改變，所以整體的資訊量應該是變少了，簡而言之就是顧客對「閱讀舒適」的需求較「資訊量」還大，為了回應這種需求，鉛字才變大的。就像這樣，隨著時代變遷，顧客的常識也漸漸改變，因此必須隨時思考，尋求正確答案。

因爲我想輕鬆一點，所以思考

我到目前為止寫了近八百本書，將各式各樣的創意點子化成文字留下來。這麼說可能會讓人覺得我很臭屁，不過我會這麼做的原動力全都是起於我那討厭麻煩的個性，我覺得好不容易想到企劃了，如果不順勢寫成書，多浪費了這些思考啊，現在不馬上寫，「等一下還要做一遍」這讓我覺得很麻煩。

回頭想想，我都抱著「想輕鬆一點」、「目標是節省精力」的心情，在生活上和工作上做了各種思考並改了些做法。

例如，我在三溫暖脫衣服時，會將內衣、襯衫和毛衣三件一起脫掉，襯衫鈕釦只拆上面的兩個，就能一口氣把三件脫掉。同樣地，褲子、內褲、襪子也是一起脫掉，拇指抓住褲管口，和襪子一起往下拉，順序是右腳、左腳，這樣兩個動作就能全部脫掉。

有次，有人看到我脫下來的衣服說：「好像有個透明人在裡面呢。」這表示我的表現不錯吧。

要我說的話，我不知道為什麼要特別花時間和精力一件一件脫，我只覺得「一口氣全部脫掉比較輕鬆」。一心一意只想著要輕鬆一點，才想出這種最佳脫法。

小學時大家背的「九九乘法」，我也只背了一半。

4×7＝28和7×4＝28概念是一樣的，這樣的話，我認為背一個就夠了，3×8＝24、4×7＝28我可以唸得很順，可是8×3＝24、7×4＝28就無法馬上說出口了。小學時是有全部背過一輪，不過當時我就在想「明明只需要一半就夠了」。

順帶一提，1的那欄無意義，9的那欄只到9×9＝81就結束了。即使只這樣，在日常生活中也幾乎不會有算錯的情形發生，不用特別擔心，或者該說是我堅信錯誤很少。

就像這樣，我這總是動腦筋想著如何才能「輕鬆」的習慣，產生出有效率地做事的創意，我覺得這是個很好的訓練，為了想變輕鬆而持續思考。

因此，要同時做好幾件事時，就會瞬間冒出「這個工作也一起做會比較快」、「這件事不用兩個人做，一個人做就好」這些想法。

現在，企業上流行「工作方式改革」，就是減少無謂的作業、減少加班。減少不需要做的事是好事，可是現狀是減少作業就表示要減少職場的人數，結果每個人分擔的作業量反而增加了，這和真正的工作方式改革不同。

「減少作業的話，能更輕鬆。」

能實現這點，大家才能想出有創意的點子。

汽車和洗碗機原本就是從「想變輕鬆」這種慾望產生出來的，活用這個原理就是創意發想的基本。

將單純無聊的工作變有趣

現在綜觀我周遭受歡迎的東西，發現現狀是只要能將「單純無聊卻很重要的事情」變有趣而產生出的商品和服務，就能受到消費者的支持。

例如「為了健康要運動」，這用想的是知道，可是很多人就是無法付諸行動。為了這些人，任天堂Switch《健身環大冒險》這個遊戲就很受歡迎。這個遊戲是將機器裝在身體上，身體動作會和畫面上的角色的動作連動，在魔幻世界邊冒險邊完成健身課程。

我周遭也有購買《健身環大冒險》的學生，我也和學生一起挑戰過，確實因為能夠邊玩遊戲邊活動身體，就能開心運動，我覺得這真的是個很棒的商品。

即使是個一直做就會膩的無聊動作，一變成遊戲就能開心持續做，過關又能得到成就感。

以「將無聊的事情變有趣」這種想法來思考的話，在每天的工作和生活上，就能想辦法做些創意。

例如，想著「將在職場坐的椅子改得舒適一點，單調的工作或許也會變有趣」而想辦法改變坐墊的厚度和硬度，或是做實驗看看要怎麼樣才能打字打得更快，這樣邊嘗試邊在錯誤當中學習可以提高思考的品質。

講件有點年代的事，打字機開始普及時，我是率先導入開始使用的人之一。當時我在念研究所，有很多時間，一天花十個小時在打字機前敲鍵盤，一剛開始只對於這台機器之方便感動不已，不過不久後就開始感到肩頸痠痛了。

「有沒有什麼方法可以在打字時不會痠痛呢？」

這麼想著試了各種方法，結果不經意地將書桌的抽屜拉出來，發現把雙肘靠在抽屜上，就不需要花力氣撐住雙肘，也減輕了對肩頸造成的負擔。

就像這樣，舒適地進行打字作業，漸漸地在夢中出現的登場人物全部都變成鉛字對話了起來。不過我記得那時著實打字打太過了，之後因為其反作用，有好一陣子我都只將文章動手寫在稿紙上。

離題了，簡而言之就是即使是單純的雜事，我也會追求「如何才能做得更舒適」。工作不是全都只有需要創意的部分，大學老師這個職業仔細看其工作內容，會發現單純的作業佔了很大部分，想減少也無法減少多少，因此，我決定「星期一是處理雜事的日子」，就開始想要怎麼做才能在那天有效率地將雜事完成。

即使是看起來不需要創意的作業，只要能有效率地完成且將疲累程度壓到最小限度，也能得到快感。

假設有個工作是「把大量的資料從信封裡拿出來，在別的信封上寫上地址，再一封封寄出去」，此時和一起工作的人針對「最有效率的作業分擔」快速提出很多點子，決定作業順序，就能進行得很快速，單純的作業也會覺得很開心。

雕刻家佐藤忠良等一流藝術家也說過，所謂的藝術，與其說是創造性，執行步驟更重要，如何將所有作業做得有效率又順手，有沒有好好思考這些步驟也左右改革是否能成功。

有沒有辦法「極端單純化地」思考

我們平常不經意使用的商品和服務的背後，充滿各式各樣的巧思，如果沒特別想，就只覺得理所當然忽略掉，可是只要將商品和服務一個一個解析來看的話，就能窺視到創作者思考程度之深。

想要產出很棒的點子的話，首先很重要的是要知道那些持續思考並產出創意的人的思考深度。

特別需要注目的是單純的商品和服務，只要將思考濃縮起來，就會發現其終點大多是單純的事物。

其成功例子之一就是iPhone，iPhone的功能很多，不過操作非常單純，這是世上很多人都知道的事。

在《簡單：打破複雜，創造絕對優勢》（聯經出版）這本書中，蘋果的前創意總監的肯恩・西格爾（Ken Segall）詳細描述了賈伯斯堅持將iPhone的按鍵簡化成一個的過程。

iPhone誕生以前的手機都有很多個按鍵，之所以按鍵很多也是因為功能很多，只要習慣操作方式就覺得很方便。

但是，賈伯斯追求只要一個按鍵就能操作的單純，不管操作了哪些功能，只要按一下主按鍵，就能回到主畫面，這樣的功能壓倒性容易理解，也讓人很安心。對醉心於禪修的賈伯斯而言，單純就像是一種教義。

「為什麼不能更單純呢？」

「要怎麼做才能更單純呢？」

就這樣一個勁地追問下去，蘋果公司的團隊在錯誤中嘗試做出一個主按鍵的智慧型手機。

順帶一提，「變單純」充其量只是個抽象的課題，一定要搭配將之具體化的創意過程。基本上思考容易流於抽象化，為了產生出具體的型態需要思考，藉由在抽象與具體間反覆思考，才能將劃時代的創意以實際的商品和服務展現出來。

為了回應「極端單純化」這個賈伯斯的抽象指令，誕生了iPhone這個改變了全世界的具體產品，由這點讓人感受到蘋果公司的強大實力。

再舉另一個例子，SONY 開發的 Portable audio player 的隨身聽也是將「把音樂帶著走」這個抽象的思考具體化並爆紅的成功例子。

隨身聽是從 SONY 創辦人之一的井深大的發想開始的，當然，把錄音機扛在肩上，就現實而言，也是能夠實現「把音樂帶著走」這件事，可是要怎麼做才能更方便且俐落地實現「把音樂帶著走」？追求這點的最終結果，就發明了刪除錄音功能、強化立體播放功能的聲音播放器了。

濃縮後的思考就是「概念」

將抽象的思考轉為具體的思考的訓練之一，我推薦思考出「概念」這個方法。

職業棒球隊在打季賽時，會發表這一季的口號。

還有青山學院大學田徑隊的原晉教練也會在箱根驛傳[1]前，照慣例會發表「〇〇大作戰」這樣的口號。2020年1月舉行的箱根驛傳上，打出「果然大作戰」而奪回綜合冠軍。

還記憶猶新的是2019年，挑起大梁參加世界盃橄欖球賽的日本代表隊打出的「ONE TEAM」口號。

這支代表隊發揮實力進入前八強，同時這個口號也獲選為流行語大賞[2]，變成膾炙人口的口號。

或許即使不是用「ONE TEAM」而是用別的口號，代表隊也能團結一心努力奮戰，不過事後回想起來，覺得沒有任何口號比「ONE TEAM」更適合了。

1－日本一項在每年1月2～3日舉行的長距離接力賽跑。

2－日本自由國民社主辦的年度新詞與流行語票選活動，每年挑選出可反映當年度日本社會現象、且引起話題的年度大獎及前十名詞句，並頒獎給這些詞句所相關的人物或團體。

這種口號就是一種概念。

在商業上也是，開始某個方案或是提出某個企劃時，大家常會用概念表達出方向性，讓事物進行。

現在擔任日本橄欖球協會副會長的清宮克幸在擔任早稻田大學的橄欖球教練時，就曾說過「為了想口號，需要耗費很大的精力」，在他的訪問報導上有看過這段話。

因為口號是每個參與者的精神中心，必須簡潔又具體，為了挑選最適當的語詞，勢必是要耗費很多心神的。

在想職場內的團隊的概念時，說出「大家一起合作努力提高營業額」也可以，不過這聽起來比較像是種心態，模糊不清，若想要用自己的詞彙表現的話，就會開始動腦想。像這樣用詞彙將概念有形化的訓練，可說在培養思考習慣上非常有效。

偏見和常識阻礙思考

減少所謂「想事情」的時間，設法想出某些點子時，會形成阻礙的就是偏見或常識等成見。有些人發想流於同一個形式、只講得出平凡無奇的點子、想法老舊，這些人有個共通點就是「抱持著成見看事物」。

「會議就是要在會議室開」，有這種成見的人在思考碰壁時，很難轉換觀點，此時我會建議他稍微到外頭散步一下，回來後再發表意見，如此一來，意外地會有新的點子出現。

在SONY開發了剛才提到的「隨身聽」這個產品前的常識是，必須用很大的機器才能聽音樂，而且音樂是在室內聽的。如果老是被這些常識束縛住的話，就不會有「帶著音樂邊走邊聽」這樣的創新發想出現了。

為了跳脫出偏見和常識，必須將平常看事物的方式加個引號，抓出來檢視，「蘋果真的是紅色的嗎？」、「月亮真的是圓形的嗎？」就像這樣，懷疑並重新檢視常識，提出疑問後，人們才會認真看待事物。

這也是由奧地利出身的哲學家埃德蒙德・胡塞爾提倡的叫做「現象學」的方法論，相對於用成見看事物的人，現象學提倡「捨棄成見吧，這樣意識和發想能更清晰」。

現象學盛行過一陣子，因為大家很容易被成見所束縛。大家可能覺得自己很認真看著眼前的事物，可是嚴格來說，並沒有正確地判斷。

假設眼前有顆蘋果，被說「畫一下蘋果」的話，有人就畫出漫畫般的蘋果記號，此時，他並不是看著眼前的蘋果，而是畫成自己腦中的蘋果概念的樣子。

那麼，如果被要求「請如實畫出裝著冰水的玻璃杯」這個日常生活裡常瞥見的東西，你會怎麼做呢？我想你可能這時才首度清楚地觀察杯子，也才會發現水和冰的顏色、味道大概相同，不過視覺上不同。為了在繪畫上表現出這種感覺，就必須仔細觀察冰的微妙質感。

如果要畫兌水的威士忌的話，就必須思考如何表現出溶解於水中的威士忌漩渦和漸層的色調。

即使是一般常識裡認知的「兌水的威士忌」，只要仔細觀察，就會發覺那是個和常識完全不同的東西。

不理會理所當然的常識，而問出「『這個』的真實型態是如何？」再次定義目標物的瞬間，「思考」這個行為就開始啟動了。

也就是說，排除偏見和常識，認真看認真聽，和認真思考是密不可分地連結著的。

爭相出點子、互相誇讚

作為為了持續思考、想出點子的訓練，我會讓學生四個人一組，每個人在15秒內說出點子。一個班級裡有四十個人，如果只指名一個人發言的話，其他三十九個人有可能都在發呆，所以重要的是要進行能讓每個人都能參與的活動。

我拿著碼錶計時，15秒×四個人，輪過一輪是1分鐘，輪完一輪就進入第二輪，讓同學挑戰好幾輪。順帶一提，前面的人講過的點子不能重複說。

這個活動的重點充其量只是要讓每個人講出一些點子，如果讓大家在聊天中互相提出點子的話，有可能淪為愛講話的人一個人不斷講下去的情況，如果那個愛講話的人不是有創意的人的話，就只變成是浪費時間而已，要特別注意，這情景在職場的會議上很常看到吧。

那麼，各自說了好幾輪的點子後，就很難再說出新的點子了，此時才是鍛鍊思考力的決勝負時刻。也可以把其他人提過的點子稍微改變一下，總之就是要持續說出新的點子。

在上大學的課時，有個最高紀錄是進行了二十一輪，那是針對「有效果的教育方法」這個題目討論時創下的。超過十輪後大家很明顯地就沒什麼想法了，還要在45秒的等待時間裡想出一個點子是非常難的。

其中一個學生終於說「想不出來」而投降了，暫且「先pass」其他人繼續講，下一輪又輪到自己時，那個學生又復活講出新的點子了，真不愧是明治大學的學生，毅力超強。

此時重要的不是要講出很厲害的點子，而是要說出個什麼來。想45秒後講出一個點子，不斷重複這樣的行為，不允許任何一秒放空，這樣可以得到相當好的訓練效果。

做了這樣的努力後，那個場合就變成是個非常有創意的空間。我非常推薦各位在職場上，召集同事們做做看，例如針對「減少加班的對策」這個題目各自說出點子，或許能找到嶄新的改善方法。

再者，有個可以讓大家較願意在團隊裡說出點子的潤滑油，就是誇讚說出點子的人，只由衷地說「這個好」地誇讚說出點子的人，就一定不斷有點子冒出來。

在職場上，上了年紀的主管們往往很難想出點子，不僅無法說出點子，還會製造出沉重的氛圍，整個職場就漸漸變得陰沉沉的。無法說出點子的人，至少要炒熱氣氛啊，因為這是他對這個場合能做的最低限度的貢獻。

對提出點子的人而言，稱讚是最好的回報。有一部分的天才是只要想出點子就滿足了，可是對非天才的普通人而言，思考是伴隨著一點壓力的行為，正因為如此，需要被誇讚認同。

這個原理，只要和孩子接觸就可以理解。

「今天的點子很棒！」

「你講出來之前都有好好想過耶。」

「你有動腦耶。」

說這些話誇讚一下，孩子們會更加動腦想事情。

我曾跟鹿兒島縣的中學生解說過愛因斯坦的重力波，當我從頭到尾說明完後，就像我總是在明治大學實施的做法，號召：「那麼，有誰要來表演一下關於重力波的短劇？」

會場裡有將近一千個中學生，連我自己都在內心覺得「這個任務對他們來講是不是太難了呢」，不過令人驚訝的是此時有一對男女同學自告奮勇報名了。

那兩個人在聽我講重力波之前，關於重力波的知識是零，只根據我的解說就即興編出一個短劇，結果讓全場哄堂大笑。對那個在台上全力演出全身發出波浪狀的重力波的女生，我也笑到淚流不止。

她的勇氣、知性和幽默，獲得全場一千人拍手讚賞。誇讚像這樣鼓起勇氣表現創意的人，能讓當事人獲得極大的能量，這一定會喚起他想要更加思考的意欲，而形成良性循環。

在紙上塗塗改改加速思考

還有一個和組隊爭相說出點子相似的訓練，就是三分鐘內，在紙上列出想到的所有點子，三分鐘後發表的方法。

我也會在出版社跟我說「希望你列出書籍的書名」時，當場集中精神幾分鐘，在智慧型手機的筆記本欄裡，列出二十個左右的書名，馬上寄回給編輯。

把點子手寫在紙上也可以，不過活用智慧型手機的記事本功能也很方便，智慧型手機的話，只要將列出來的點子複製下來，輕輕鬆鬆就能寄出去。

重要的是要把想出來的點子化為文字，愛迪生和達文西等偉大的發明家全都是筆記魔人，這是眾所皆知的。

說到筆記的效果，我曾在數學家藤原正彥寫的文章當中讀過他會隨身帶著一疊紙張，一想到什麼就馬上記下來。數學家好像大家基本上都有這樣的習慣。

當然他們也會用電腦工作，不過手寫塗塗改改，也可加速思考。

在日劇裡常看到數學家在黑板邊寫很多方程式邊說話的場景，現實中的數學家應該也是在紙上從事類似的作業吧。

我自己會學那些很帥的數學家的做法，在和編輯聊天時，邊在紙上寫些關鍵字或畫圖說明，邊說著「那樣也可以」、「這樣也可以」。

寫筆記寫著寫著，會隱約浮現出「標題」、「結構」、「排版範例」等，可完成初步的出版企劃書，把十張、二十張手寫的筆記一起交給編輯，就算開會結束了，之後編輯再依照那些內容修改彙整，就完成一份企劃書了，整個流程大概是這樣。

就像這樣，做筆記是將思考產出時的必殺技，所以外出的基本配備是帶著思考記事本或A4稿紙，智慧型手機的記事本功能也很方便。

在電影院等電影上映時、按摩時，隨時把想到的點子寫下來也不錯。在電影院裡就不能使用智慧型手機了吧，所以只能在黑暗中拿筆寫在紙上，之後到明亮的地方再看，雖然有可能看不太懂紙上寫了什麼，不過再怎麼樣，想到點子的「當下」就記下來是很重要的。

在想到點子的當下沒記錄下來的話，那個點子馬上就忘記了，之後再怎麼努力想都想不出來的。

我曾以小學低年級生為對象做了《齊藤孝所著的發出聲音記起來 諺語歌牌》、

《齊藤孝所著的發出聲音記起來 成語歌牌》等歌牌[1]（兩者皆為幻冬社出版），寫在歌牌的「詠唱牌」上的句子是利用諺語和成語造出來的例句，目的是讓學生在想這些句子時，能用到小學低年級時期學到的漢字。

一剛開始我拿一、兩個例句的詠唱牌給編輯看，提議「大概這麼做如何？」編輯馬上退避三舍，說：「那沒辦法啦，除了老師您以外沒人做得出來啦。」因此變成所有詠唱牌都由我來想。

實際上一開始想，就發現很難按照常理做出來，必須以小學生學過的漢字為基礎，造出具體且有趣的詠唱牌。

即便如此，一旦將思考詠唱牌的開關開啟後，就文思泉湧，等電車時、吃飯時、睡覺時，都會突然冒出點子，源源不絕。

我也用同樣的方式替小學一、二年級生做漢字卡，造了240個例句，那兩個星期內所有空檔時間都用來想有趣的例句。

卡片上還有插圖，所以我是造出和圖片相關的例句，例如「首」這個漢字，我造的例句是：

「轆轤首[2]伸長脖子，在寫百人一首[3]。」

我一整天都在想這種無謂的例句，一想到就寫到手機裡，已經變成造例句達人了。我必須一直想到最後一句完成為止，就像是踩在沒達到目標絕不停止的跑步機上。

1－歌牌從江戶時代中期開始盛行，過去為日本宮廷遊戲，近期演變成競技項目。歌牌由各一百張「詠唱牌」和「奪取牌」組成，共兩百張，詠唱牌上印有歌人肖像、作者及和歌，奪取牌上則印有以日文假名書寫的和歌後半部。

2－脖子可伸縮自如的長頸妖怪。

3－原指日本鎌倉時代歌人藤原定家私撰的和歌集，藤原定家挑選了一百位歌人的各一首作品，彙編成集，因而得名。利用《百人一首》進行的歌牌遊戲盛行至今。

思考的壓力會產生快感，在許多職人的工作上，流暢度很重要，壓力、快感、流暢度，說簡單點就是流動（流暢度）。

就像這樣，有具體思考的題材，又訂好明確的規則的話，就可像在玩遊戲般不斷有點子冒出來，而且若想出了絕妙的例句，就會有些快感。

這樣一想，喜好俳句[1]的人，可說是在自己的興趣當中持續思考，因為俳句的結構是由五、七、五共17個音組成的，而且裡面要放入季節的字，在造句時要追求最適合的文字組合。

大學生在寫俳句時，即使是初學者也很容易就能造出很有意思的句子，而且他們表示「寫俳句很累，不過很開心」。像玩遊戲般持續下去的行為，就是開心。

目標是產出「有趣的點子」

我自從念過《論語》後就認為「智、仁、勇」是身為人很重要的三要素，「智」

代表智力、判斷力，「仁」代表體貼、真心，「勇」代表勇氣、行動力，儒家將這三個要素稱為「三德」，列為每個人都需具備的美德。

自己的判斷有沒有錯誤？很誠實嗎？有行動力嗎？身為人必須時常確認這幾點，這三項都有做到的話，就形成一個完整的人格，我一直是這麼認為的。

可是最近，我開始覺得只有「智、仁、勇」三項還不夠，思考起其他重要的美德。若要說那是什麼呢？是「笑」，我認為「笑」是將創意發揮到極致的表現，我的目標是想出有趣的點子。

我在大學的課堂上也一直追求「笑」，我甚至跟學生聲明「只要沒引起哄堂大笑，就不算上課」，我以讓學生發笑為第一要務。也就是說，人類必須有的美德是「智、仁、勇、笑」。

1－由17音組成的日本定型短詩。

當然我也會要求學生要追求「笑」，在我的課堂上要求「將有用的知識有趣傳達出來」。

有時，我會給學生一個任務要他們編出「短劇論語」，讓他們看完《論語》後，根據內容寫出短劇的劇本並實際演出。

我本來認為他們都是外行人，不抱什麼期待，但是他們不愧是明治大學的學生，都演出水準相當高的短劇。我食髓知味，就找了各種機會請他們表演「三權分立」和「英文文法」等各種點子的短劇。

確實理解知識，再做摘要來發表，光做這些就需要思考力，若再加上「笑」這個要素，簡直是要求他們做程度很高的思考。

例如，在世界史的教科書上讀到「卡諾莎之行[1]」的典故，也太嚴肅了，會讓思考停滯，如果改成短劇的話，就必須加入「笑」和「驚奇」等要素。

「教皇的權威太過強大。」

「被處以破門律，即使是皇帝也權威盡失。」

「在大雪中赤腳向教皇屈服。」

要抓到這幾個重點並完成具知性的娛樂短劇，是要耗費相當的思考力，學生們都努力突破這些難題。

當我出了「利用歷史上的人物編出短劇」這個題目時，有組學生將那位歷史人物設定成來參加打工面試的人。

擔任面試人員的兩個人邊看履歷表邊討論來參加面試的人的人物特徵。

「他還滿殘忍的呢！」

「他先入為主的觀念很深，看起來很難使喚他。」

像這樣巧妙地介紹了那個人物，讓大家爆笑不已。

1－指神聖羅馬帝國皇帝亨利四世從萊茵河畔的施派爾到艾米利亞－羅馬涅的卡諾莎城堡向教宗額我略七世屈膝要求赦免絕罰，以及圍繞旅程的事件，發生在1077年1月。

特別讓我留下印象的是我出了「用現在式的第三人稱單數s編個短劇」這個題目時，雖然是自己出的題目，但連我也覺得太胡來了。

第三人稱單數現在式要加s，這是中學一年級就學到的英文文法的基本，「I play tennis.」的主詞如果變成「He」的話，句子就會變成「He plays tennis.」。這乍看之下是了無生趣的知識，到底能編出什麼短劇，是完全無法預知的，不過不愧是明治大學的學生，真的編出了有趣的短劇。

有一組裡有三個人，他們編出用宅配將「第三人稱單數的s」配送到各家各戶的情節，最初送到的是「Play先生」的家，這家毫無問題地收下了「s」，但是到了下一個「Go先生」的家，卻被說「沒有e就不收」，貨又回到了營業所，最後是送到「Study先生」的家……大概是這樣的內容。

這種表現方式也確實解說了英文文法的知識，又能引人發笑，又很幽默，是個非常有創意的內容，整間教室的人都對他們讚不絕口。

挑戰「笑」這個行為，雖然很困難，不過會讓人有雀躍感。在有壓力的狀況下思考，如果能產出絕妙點子的話，會得到相當大的成就感。

有弱點就能變有創意

對任何事情都加些限制就能變有趣，這種事常有。例如，足球這個運動有個規則是除了守門員之外，其他人都不能用手碰球，正因為如此才發展成享受華麗腳功的競技，將日常生活當中自由自在使用的手故意封印起來，就是足球最大的魅力。

關於限制的重要性，有件事在我心裡留下印象，以《灌籃高手》、《浪人劍客》等暢銷漫畫作品著名的井上雄彥在被問到「創造角色的秘訣」時，他回答：「讓他們有弱點。」

說到弱點，對人類而言就只是一種限制，因有弱點（限制），角色才有其魅力、才有故事產生，因此刻意讓角色有弱點，就是井上流派的創作術。

或者也可說「沒有預算或預算不夠」是個刺激創作的限制，通常大家會把「沒有預算」視為是種負面要素，不過，也有些創作者將計就計，還是持續思考「要如何做出好東西」並將之實現。

羅伯托・羅塞里尼（Roberto Rossellini）這位義大利的電影導演在第二次世界大戰時，靠著募集資金，手持著攝影機打野戰似地在路上及實際的建築物裡拍攝，並起用素人演員，他用這些方式拍出了名留電影界的《羅馬，不設防的城市》等傑作。

近來也有一部成功的電影案例，是部花預算三百萬日幣的獨立電影《一屍到底》，不知不覺間就在全國放映，獲得極大迴響。

為了提高思考力，建議可以在日常生活中設些禁止事項或限制，當作遊戲進行。例如，在從離家最近的那個車站到回到家之間設個「不准右轉」的規則，在要右轉時，就變成必須左轉三次才到得了。

或是刻意用左手做一些平常都用右手這隻慣用手做的動作，用非慣用手的那隻手做事的話，簡單的課題也會變得很難。

我自己曾經有段時間練習用非慣用手吃飯，我父親唸我：「你也差不多一點，用慣用手吃飯啊！」不過我還是持續練習了一年。

刻意用非慣用手的那隻手拿筷子本身是沒什麼意義，只不過以前認為理所當然的行為突然變難了，就會開始思考要怎麼做比較好，這也是事實。

或許大家覺得這麼做很愚蠢，不過設些限制，讓事情變得像是在玩遊戲，養成這樣的習慣後，即使工作上有什麼限制，也能覺得很有趣而繼續思考。

訂個截止日期逼迫思考

和限制有關，截止日也對促進思考有極大的效果。

例如，公司下令要在一個星期內交出一個企劃，每個人就被迫要在截止日前，想出些什麼並將之整理成企劃書。

特別是在沒有截止日或是有很多時間的情況下思考時，建議自己訂個截止日比較好。重要的是自己訂個截止日，如果能在那之前達成就更好了。

最適合思考的時機點是在一剛開始思考那個主題的時候，正所謂打鐵趁熱，若截止日是在一個月後，結果到最後兩、三天才慌慌張張開始思考的話，就表示之前的二十七天都沒在思考，那段思考停止的時間就整個浪費掉了。

好不容易知道題目要開始動腦了，就在當天儘量思考，並將思考出來的內容記錄到智慧型手機裡，或是簡單地整理出個企劃雛形是比較理想的。

我在接到委託時，都儘可能當下處理，立刻思考並給予大量的回覆，常常讓案主驚訝「欸，您這麼快就完成了？」。

前面也敘述過，我本來是個很怕麻煩的人，暑假作業也都拖到8月31日才熬夜寫完，進入社會後，也維持這個習慣，可是在接到的出版社的案子增加後，就深感「這樣不行」。

例如，替雜誌寫稿時，通常是年末（或是盂蘭盆節或黃金週前）接到委託，過完年（過完盂蘭盆節或黃金週）就要交稿，這讓我開始覺得如果一次接了七、八個案子，休假日的最後一天就慘了。

終於我體悟到不自己訂個截止日不行了，因此，我就按照接受委託的順序，從一接到委託的當下就提前開始作業。不是待在家裡慢條斯理地寫，而是在外出時也使用手機的記事本功能，一有空檔時間就隨時打字寄信，不斷反覆做這些事，結果我就能保持固定的步調持續思考。

村上春樹和赤川次郎寫的散文裡都有提到，他們一定會在出版社訂的截稿日前把稿子交出去，真不愧是暢銷作家的工作態度啊。

他們一定是掌握了一些策略，即先訂好截止日期，並持續優質的思考吧，正因如此，才能寫出廣受眾人喜愛的作品。

限定時間，設小單位時間來思考

用更小的時間單位訂截止時間的話，就是訂出各種較短的限定時間，我之所以將咖啡廳當作「思考的場所」頻繁進出，除了那是一個適合思考的環境，在那裡也能限定時間。

正因為想在有限的時間內取得一定的成果，才能專心思考和寫稿子。

知名漫畫家佐佐木倫子的某個作品裡有個場景是編輯和漫畫家坐在公園的長板凳上，喊出「預備，開始想！」兩個人思考了一小段時間後，就各自說出自己想到的點子。

無法說出好的點子時，就說：「那再一次吧。」再度開始短暫的思考時間。像這樣把時間切成一小段一小段的思考方式，能夠有效提高專注力，進而想出好點子。

為了設定一小段一小段的限定時間，我在大學的課堂上會使用碼錶。

例如，我下了個「每一組在一分鐘內說出點子」的指令，然後會故意給沒說意見的人壓力，跟他們說：「你這樣就是認為課題和自己無關。」、「這樣在公司面試時，是進不到複試的。」設定短暫的限定時間，要求學生產出，無論是誰都會奮力集中精神思考。整堂課重複進行這樣的活動，一堂100分鐘的課就會是堂精實的課。

在商業場合上，也有很多機會被要求在有限時間裡產出點子。如果平常就習慣將時間切成一小段一小段來訓練思考的話，在緊要關頭時就想得出點子。

沒有「分析」就沒有「改善」

思考時還有一個方法就是「分析」，分析是導出新點子的重要步驟。

例如，工作上遇到困難時，只要分析造成困難的原因，就有可能找到改善的策略。

2005年JR西日本的福知山線發生電車出軌事故，造成107個人員死亡，562個人受傷的嚴重事故。

事故發生後，航空鐵路事故調查委員會等相關組織進行事故原因調查，從各個角度追究事故原因。

他們舉出造成這個事故的直接原因是電車高速過彎時，沒完全轉彎成功，才導致出軌。

但是，引發事故的那輛電車，在前一站停車時超過停止線，須退回標準位置，導致誤點一分二十秒。因此也懷疑司機可能是為了追回這段延遲的時間才心生焦急，導致超速轉彎，或是晚了點踩煞車。

那麼，為什麼司機會那麼心急呢？其間接原因可舉出是因為在JR西日本裡，大家都背負著電車要快速行駛這種經營上的壓力。

此外，也知道一個事實是如果司機或列車長犯錯的話，需要接受「日勤教育」這種懲罰性的指導。為了避免受到那種懲罰，就產生出極端害怕讓電車延遲的心理狀態。

JR西日本在發生出軌事故的現場規劃出一個名為「祈禱之森」的紀念園區，我也去參訪過，那個設施是個對事故犧牲者慰靈並鎮魂的地方，同時也是個展示事故發生時的狀況、救援時的情況、事故原因及反省，還有事故的相關紀錄的場所。

這個設施也藉由開放給其他鐵路公司的相關人員去參觀，讓大家有機會學習和事故相關的事情。

就像這樣，不將一個事故列為是「偶然的事故」、「個人的疏失」而加以徹底分析，可說是為了活用事故教訓而進行的重要思考作業。

分析是個將事物細分並仔細研究的行為，將時間切成幾小段，再順著追溯回去檢討的話，面對很大的問題也較容易思考。

也就是說「分析」是思考的一個基本要素，在發生困難時，即使陷入思考停滯，也還是能將之變成一個教訓，端看當事人有沒有分析能力。

相互比較就能思考

暢銷電影《達文西密碼》是部挑戰解開隱藏在《蒙娜麗莎的微笑》、《最後的晚餐》等達文西的著名畫作背後的暗號的推理片，是改編自美國作家丹・布朗（Dan Brown）寫的小說。

「那個基督教徒旁邊的人看起來好像有什麼秘密吧？」

「為什麼有刀子放在這裡？到底是怎麼回事？」

雖然只是一幅畫，只要動動腦，也能發現十幾二十個奇怪的地方，可是大家通常就算很仔細看畫，也不會思考。

當大家在美術館看到一幅畫時，通常會想多少事情呢？

「好漂亮的畫啊！」

「和其他幅的畫風不太一樣呢。」

「顏料使用方式很特別。」

即使會想到這些，也沒辦法延續下去。同樣看到一幅畫，有人會一直站在前面看，可是若說他在思考嗎？似乎又不是那麼一回事。

思考無法持續下去，或是想不出點子時，有一個好方法，就是「比較」。「比較」有助於讓思考進行得更順利。

例如，把米開朗基羅的雕刻作品和其他人的做比較，舉出不同處，就是一個思考米開朗基羅厲害之處的方法了。

這是個連小孩子也會的初級思考方法。我拿梵谷和雷諾瓦的畫給小學一年級的學生看，問他們：「這兩幅畫比較看看，有什麼不一樣？」他們也指得出好幾個不同處，如果是拿畢卡索和梵谷的畫比較，不同處就又更多了。發現不同處是有在思考的證明。

被稱為近代語言學之父的瑞士語言學者索緒爾（Ferdinand de Saussure）認為，事物的意義是由差異而產生出來的。若說「意義」是由差異產生的話，那麼在某個事物上找不到其意義時，和其他事物比較即可，即使只有兩個資訊，只要一比較，也一定能發現些許不同。

「和其他公司的產品比起來有什麼不同？」

「和成功的服務比起來，兩者的差異是什麼？」

從「比較」切入，較容易開始思考，也較容易持續下去。此外，按照時間順序做比較也是一個方法。

例如，將第一代的 iPhone 和最新型的 iPhone 做比較，想一下哪裡有什麼樣的變化，而在這變化之中，說不定找得到一些能應用在自己工作上的靈感。

或是也可以在便利商店拿幾個新商品做比較，想想哪種商品會賣得比較好，然後定期觀察驗證自己的預測對不對，之後再想想如果要由此再延伸做出新商品的話，什麼樣的商品比較好，這就是由比較產生出的思考效果。

從別的領域找出暢銷的要素

在將兩個事物做比較時，若只說：「A比較好。」或是「不，B比較好。」思考就停止了。邊比較A和B，邊用辯證法產生出點子C，這才是思考的成果。

看電視的討論節目，常會看到兩位有識之士各自主張自己的論點，雙方只像是兩條平行線般熱烈發表意見。

或許熱烈發表意見有其娛樂效果，但有時我會覺得「明明還可以做更有意義的討論的，真可惜」。

頑固地不改變自己論點的人就是其思考太僵硬，如果您周圍有這種「頭腦僵硬」的人，要特別注意。

回顧歷史，大多數的戰爭或對立都是因有人主張「就只能這樣」才引起衝突的，宗教上的紛爭就是極具象徵性的。

如果真的想讓思考有成果的話，理想狀況是參考雙方的意見，邊解除矛盾邊導出有建設性的結論。除此之外，如果各位有識之士能告訴我們他在節目開始前和結束時，想法有了什麼樣的改變的話，就更明確地顯示出其思考的成果。理想的狀況是和與自己想法不同的人的討論當中，讓思考有彈性地發展。

不過，也有個活用「比較」的思考法的運用方式，就是「在看起來似乎完全不同的事物裡，找出相似的要素」。

小型噴射機「HondaJet」的機頭部分，據說是從菲拉格慕[1]的高跟鞋得到了靈感。

有個學生研究《源氏物語》，他將《源氏物語》的登場人物的自我意識拿來和杜斯妥也夫斯基的作品的登場人物的自我意識做比較，找出他們的共通處並發表論文。

只要加以訓練，也能啟動把兩個完全不同的事物做連結的思考迴路。例如，創造出「模控學」這個新學問領域的諾伯特・維納（Norbert Wiener）這位學者，提倡了將動物和機器上的控制與通訊統合性地研究的理論，說得簡單一點，就是把動物的生存方式和社會制度結合起來的想法，這正是個將不相關的要素結合起來的思考之代表例子。

在商業上來說，把在完全不同領域裡暢銷的服務或商品做比較，試著找出其中的共通要素也很有趣。

相反的，在兩個很相似的東西之間，找出細微的不同，也能促進思考。

例如，「看起來是藍色」，不過仔細看，「藍」這個色調還能分出好幾個種類。

和這個類似，「整批訂購款」和「一次付清的優惠」乍看之下是很類似的服務，那有什麼不同呢？仔細分析後，就應該能找到其優缺點。

同樣是進行「減少長時間工作」、「工作方式改革」，仔細觀察A公司和B公司，或許看得出他們努力的方向或內容有很大的差異。

「看起來完全不同，不過也有相類似之處。」

「看起來好像一樣，細看就發現完全不一樣。」

1——家義大利佛羅倫斯的公司，製作男女服裝、鞋子和鐘錶等。

只要掌握了這兩種思考模式，思考內容就能無限擴大。

就我認為，只靠這兩種方法，就幾乎能針對所有事物思考了。

向諾貝爾獎得主學習「稍加改變的思考法」

以某個素材為基礎，再稍做變化，或是加上別的要素，就會產生創新的產出，這個方法也可以稱為「稍加改變的思考法」。

獲得2002年諾貝爾化學獎的田中耕一從他還是任職於島津製作所的員工開始，就以上班族的新星受到矚目。

田中獲獎時是四十三歲，在諾貝爾獎獲獎者裡算是年輕的。

田中對於自己年紀輕輕就獲獎感到壓力，他說他每天都問自己「自己值得獲獎嗎？」。通常在拿到諾貝爾獎後變驕傲也不足為奇，不過他講的這番話讓我們感到他為人謙虛。

而且更了不起的是田中為了再次證明自己值得獲獎，又訂了新的目標繼續研究，其研究內容是以蛋白質的分析技術為基礎，「只要一滴血液就能在早期發現疾病」。

不斷研究並經過多次失敗後，他成功地從血液中抽取出一種叫做β澱粉樣蛋白的蛋白質。β澱粉樣蛋白是種和阿茲海默症的發病有很大關聯的物質，以前認為只抽出β澱粉樣蛋白是不可能的，因此這個發現為全世界帶來很大的衝擊。

而且在實驗過程中還抽出了另一種未知的蛋白質，事實上後來又驗證出這個未知的蛋白質會提高阿茲海默症的罹患率。

根據田中等人的研究，在阿茲海默症的症狀出現的三十年前開始，就有很高的機率能診斷出有罹患的危險性，他又再次以世界級的研究者身分受到矚目。

針對「創新（innovation）」，田中做了以下的解釋：

本來翻譯成日語是「新結合」，或是「新的解讀方式」或「解釋」，各個領域的人聚集起來形成一種新的結合，做新的解釋，這就是「創新」。在某個領域被視為失敗的事情，說不定在另一個領域是個了不起的新發現。再更有彈性、更廣泛地解釋的話，「創新」是比想像中容易實現的，而實際執行的人裡也有人覺得這不過是單純把不同的東西湊起來而已，而自我貶低。我想跟這些人說：想得更輕鬆點，「創新」意外地很容易達成。

（節錄自 NHK《NHK 特別篇》）

這段話由我解讀的話，就是「稍做改變的思考也很夠了，這也可以說是創新」。這麼一想，就會發現世上大多數的創新發明都是將某些事物稍做改變而誕生的。例如，「照片」和「貼紙」都是以前就有的東西，不過將之結合後就產生出「大頭貼」這個商品，以劃時代的發明之姿大受歡迎。

只要把某個東西和另一個東西結合起來再稍加改變，就能產生出改變世上風潮的事物。不要看輕「只不過是稍加改變而已」，可以大大方方追求稍微的改變。並非「稍加改變也可以」，而是「稍加改變是好的」。

舊事物新思考

無論是多了不起的產出，那思考背後必定有個形成其靈感的「原型」。

例如，在全世界擁有狂熱粉絲的電影《星際大戰》系列，大家都知道其靈感是來自一本書，是《千面英雄》（The Hero with a Thousand Faces，約瑟夫・約翰・坎伯〔Joseph John Campbell〕著）這本書。這是本分析童話故事的基本結構的書，簡而言之就是英雄雖然有千萬個面貌，可是其原型幾乎都是相似的。

好萊塢將黑澤明導演導的《七武士》加以改編，就製作出《豪勇七蛟龍》這部電影，這個小故事很有名。還有一段故事也很為人所知，就是黑澤明導演自己也說過他用莎士比亞的戲劇作品《馬克白》加以改編，拍出《蜘蛛巢城》這部電影。

《蜘蛛巢城》是敘述日本武將的故事，情節架構和《馬克白》相似，不過被視為是原創的作品。

順帶一提，古今中外有好多部藝術作品都是改編自《羅密歐與茱麗葉》、《哈姆雷特》等莎士比亞的作品。

暢銷作品大抵都有其原型，以古典、經典商品、受歡迎的服務為原型再加以改編，是想出新點子的基本技巧。

極其暢銷的漫畫《鬼滅之刃》（我也買了整套）也是，其基本是「鬼退治」，也可說這是參考手塚治虫的《多羅羅》的，然後加上變成鬼這個自己的創意，就變成新的鬼退治了。

什麼素材都沒有、從零開始想是困難至極，不過如果有個原型，可以刺激自己的想像力，能夠有效幫助自己產生出別的點子。

在企業裡也是，如果討論「將這個以前暢銷過的商品改成現代風的話，可以做出什麼呢」這類問題的話，也可進行一場很有意義的討論，此時，若再訂個時間「請大家想十分鐘，之後再各自發表」的話，更能加速大家的思考。

運用函數關係式產出點子

我把將某樣東西與某樣東西結合後想出點子的方法稱作「函數關係式（圖像）」的應用，而且，我認為或許在學數學時學到的知識當中，函數關係式最能活用於日常生活中。我記得函數關係式是在中學的數學課裡學的，那時我還佩服於「這真是個劃時代的思考方法」。

函數關係式是「y＝f（x）」，f是函數（function），再依x的值算出y。「代入某個數值，經過一定的轉換，就會得出某個結論」這種法則，能在想新點子時派上用場。

為了更容易理解，將f看成一種「包廂化」的作用，例如將x代入「卡拉OK」，再將其包廂化的話，就導出卡拉OK包廂（KTV包廂）。

以前在我還是二十幾歲時，說到卡拉OK，指的就是在小酒館或遊覽車上唱歌，也有自己不認識的人在場，當時有很多人喜歡唱歌，可是聽不認識的人唱歌還是多少有點無聊。

不過之後誕生了只和家人朋友或是自己一個人也能開心唱歌的KTV包廂，卡拉OK瞬間滲透到日常生活中，KTV真可說是個創新發明。

如果模仿這個邏輯，試著把每件事都包廂化想想看，將x代入「居酒屋」，就變成居酒屋包廂，將x代入「棒球」，就成立了棒球打擊練習場。無論哪個都是現在到處都看得到的設施。

有次我找了個機會請大家針對這個包廂化想一些點子，有人講出「將x代入宇宙，形成天文館，如何？」我覺得他的想像力很有品味。

用這種包廂化的想法觀察身邊的事，就能接二連三想到「置物櫃」和「漫畫咖啡廳」這類成功的商業例子。

說到「應用包廂化，想出新的商業模式」，不少人能想出很有趣的點子。

看了電視節目也會發現大多數的長壽節目都是f的部分很穩固，所以不管來參加的來賓是誰，都很有趣。

就我參加的節目來說，《全力出擊！四肢無力時間》就是典型的這種節目。這個節目裡，擔任主持人的有田哲平和來賓都事前知道腳本，不過負責吐嘈的搞笑藝人是沒看過腳本就來參加節目的，然後針對來賓的奇怪言行一一吐嘈，笑點就在這裡。

從既有的東西裡找出f，活用這個f再代入新的x，這可說是個思考的基本模式，學到的話絕不會吃虧的。

持續幻想「如果」

要從別的觀點切入想出新點子時，用「if」也是一個好方法，「如果這個東西從世上消失的話，會怎麼樣呢？」、「如果有這類東西出現的話，生活會變怎樣呢？」可以像這樣自由想像。

「如果可以降落在月球上，自己會做什麼呢？」

「如果自己是深海魚的話，能夠看到什麼風景呢？」

可以像這樣想像自己到異世界去的話，會發生什麼事？也可以將既有的故事改變一下其設定：

「如果這部小說的主角不是大人，而是小孩的話，故事會怎麼發展呢？」

「如果這部日劇的場景不是證券公司，而是小鎮上的工廠，會變怎麼樣呢？」

只改變一個設定條件，整個故事發展就會完全不同，如此發揮想像力，既能提高想像力，也能永遠持續思考下去。

青柳碧人寫的《從前從前，某個地方有具屍體……》（新經典文化），其著眼點就是如果一寸法師等民間傳說裡發生了殺人事件的話，會……。我從這本小說得到靈感，請大學生以「如果○○是殺人事件的話」為題想出些點子。

藝人武井壯在開始出現在電視上時，就是使用「如果」這獨特的想像梗而博得人氣，這我還記得很清楚。

武井一剛開始是有人介紹他為「以百獸之王為目標的男人」。說到百獸之王，任誰都會想到獅子，不過，自稱自己才是百獸之王，這就是武井的獨特之處。

例如，如果和長頸鹿對戰的話，首先會先跑到長頸鹿的後面，坐上鹿背，按住牠脖子上的穴道，抓住長頸鹿的弱點，讓牠血壓下降，把牠打倒。如果和獅子交戰的話，會先躲避對方來咬自己脖子的攻勢，之後故意讓牠咬住自己的右手臂，然後手臂施力讓對方拔不出牙齒，將牠困住，再對牠的鼻子打上一拳將牠KO。

光是這樣寫著寫著就忍不住笑出來，如果再將這個想像用實際動作表現出來，就更有趣了，肯定會一躍成為席間焦點。

一旦開始想「如果」，即便手邊沒任何素材，一個人都能一直持續想下去。

即便是非現實的幻想，持續思考才是重點。持續思考的人一定能產出某些想法，也能在現實世界做出成果，因此不能小看幻想。

幻想是想像力，想像力就是思考力。

結尾

到目前為止，針對如何成為思考中毒的秘訣，我將能想到的都敘述完了。我從不同角度講了各種技巧，不過我最想強調的是「樂在其中」的重要性。

在工作上，若抱著「只是完成被賦予的課題」、「因為被要求要提出點子，所以我才不得已開始想」這樣的心情，絕對沒辦法開心工作。

即使不被任何人強迫，也不斷擴展思考，想出甚至可說是過多的點子，讓工作更有趣，這才是理想的工作方式。

我周遭事業成功的人也都是些可說是思考過多的人，和他們稍微聊一下天，就常會出現「這麼做比較有趣」、「挑戰一下這麼做如何」這些意見，不吝嗇地提出他們想到的做法，話題不斷延續下去，而且毫無例外地大家總是生氣蓬勃神采奕奕。

很遺憾因新冠肺炎過世的志村健總是想著如何帶給大家歡笑，他說因為是做著自己喜歡的事，不覺得特別辛苦。

持續思考變成思考中毒也是種保持身心年輕的最佳方式，一直思考的人，不管在說話還是行動上的反應都很快，看起來就顯年輕，其周遭氣氛也變得很有活力。只要持續思考，就能過著充實的人生，所以即使上了年紀後也肯定還能保持大腦年輕吧。

各位讀者，真的很希望你們能保持這種開心有朝氣的工作方式及生活方式。

2020年6月 齊藤孝

How 93

我中了思考的毒！

從生活中培養習慣，讓你點子一直來！

我中了思考的毒!：從生活中培養習慣,讓你點子一直來! / 齊藤孝著；
林佳翰譯. -- 初版. -- 臺北市：八方出版股份有限公司, 2022.04
面； 公分. -- (How；93)
ISBN 978-986-381-232-6(平裝)

1.CST: 思考 2.CST: 成功法

176.4 111003294

2022年4月14日 初版第1刷 定價360元

著　者	齊藤孝
譯　者	林佳翰
總編輯	洪季楨
編　輯	陳亭安
封面設計	王舒玗
發行所	八方出版股份有限公司
發行人	林建仲
地　址	台北市中山區長安東路二段171號3樓3室
電　話	(02)2777-3682
傳　真	(02)2777-3672
總經銷	聯合發行股份有限公司
地　址	新北市新店區寶橋路235巷6弄6號2樓
電　話	(02)2917-8022 · (02)2917-8042
製版廠	造極彩色印刷製版股份有限公司
地　址	新北市中和區中山路二段380巷7號1樓
電　話	(02)2240-0333 · (02)2248-3904
郵撥帳戶	八方出版股份有限公司
郵撥帳號	19809050